طرس مادي

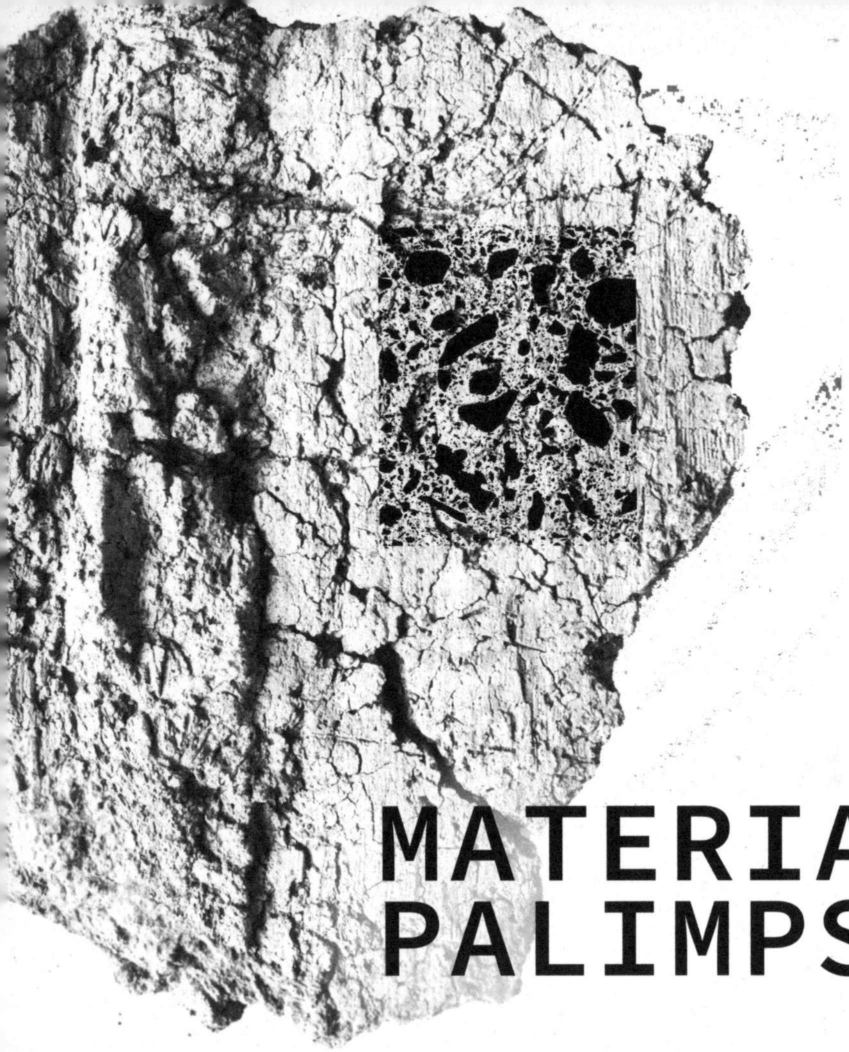

MATERIAE PALIMPSEST

FATIMA ZAHRA BEN HAMZA
CO-CURATRICE

[Toc, toc, toc ! Mais quel est donc ce son ? J'entre ! Baignée dans le noir, la silhouette d'un ouvrier qui travaille la terre s'entrevoit au loin et illumine le centre du pavillon.... ses coups, sont une danse effrénée vers...

Je lève mon regard: Ébahie ! Je découvre une myriade d'outils qui coiffe le plafond telles des constellations. Autour, mon regard se perd dans une collection infinie de colonnes... petites, grandes, je déambule ! Je m'approche de ces éléments singuliers, j'explore par le toucher leurs surfaces de différents matériaux.

Toc, TOC, TOC...

Toujours plus insistant,
ce son m'accompagne
dans ce voyage d'exploration
qui m'enveloppe, et me confond...]

_Origines // MATERIAE PALIMPSEST est un projet qui porte davantage sur ce qu'il pourrait permettre que sur ce qu'il fait ; il explore le potentiel des savoir-faire traditionnels marocains. À travers son approche multiscalaire, il est source d'inspiration pour les générations futures afin de [re]penser, [ré]utiliser, [ré]adapter ces techniques de construction.

MATERIAE PALIMPSEST naît du besoin/désir d'identifier de nouvelles méthodes de réflexion ayant pour point de départ l'architecture de terre qui pourraient avoir un impact tangible – ou, du moins, contribuer à poser les bonnes questions sur certains des problèmes contemporains urgents auxquels nous sommes confrontés.

MATERIAE PALIMPSEST raconte un processus, un work in progress physique et immatériel. Il est simultanément une construction (entendue ici aussi comme construction narrative) symbolique et matérielle. Matérielle, où différents calques de matérialités et d'objets viennent dévoiler la richesse géologique au Maroc et de ses savoir-faire techniques. On distingue deux parties : inférieure (que l'on nommera « produit »), où une grille carrée de trois par trois, qui organise et compose l'espace, supporte huit groupes de neuf colonnes. Ces soixante-douze éléments verticaux de différentes hauteurs s'érigent sur un sol en terre battue et s'articulent autour d'une agora au centre. Chaque élément est une entité à part entière, qui existe de manière autonome et nous informe sur les diverses variations des techniques de construction mais aussi des diverses matérialités. Elles sont le témoin du génie des savoir-faire traditionnels marocains. Une partie supérieure (que l'on nommera « outils »), où le processus de construction est matérialisé à travers des outils de construction, accrochés au plafond grâce à une structure en bois. Ces deux plans horizontaux se font face, dialoguent et se rencontrent à travers une projection hologramme au centre du pavillon, l'agora, où l'artisan porteur et transmetteur de ces savoir-faire est mis à l'honneur.

L'organisation des éléments du pavillon ne suit pas une ligne de subordination (comme dans une hiérarchie) – avec une base (ou une racine, un tronc) –, mais présente plutôt une structure où tout élément peut affecter ou influencer tout autre. Les directions que le visiteur peut arpenter sont inopinées et dénuées de hiérarchies. Cette espace de circulation transcende sa fonction physique. Dans ce « space in between », où le visiteur pratique et explore le pavillon, narrations du passé et du présent s'enchevêtrent. C'est dans cette articulation que se crée alors un espace de liminalité productive entre innovation et techniques traditionnelles, où le visiteur est participatif et producteur de réflexion collective. Il est une invitation à l'imagination et à la spéculation. Il se veut catalyseur de pensées.

Partant du postulat que l'architecture est témoin du temps, il est possible d'affirmer qu'un bâtiment peut conserver le passé, informer le présent et imaginer l'avenir. En tant que forme d'assemblage de différentes techniques de construction liées à des contextes géographiques et climatiques spécifiques au Maroc, MATERIAE PALIMPSEST se veut un outil mis à disposition afin de redéfinir davantage notre compréhension du passé pour élucider l'avenir.

MATERIAE PALIMPSEST est un voyage à travers des processus de faire : fragmenter les processus, c'est mieux les comprendre et in fine pouvoir les réinventer

_ pour les diriger vers de meilleurs futurs //

MATERIAE PALIMPSEST

FATIMA ZAHRA BEN HAMZA
CO-CURATOR

*[Tap, tap, tap! What's that sound? Coming in!
Wrapped in darkness, the silhouette of a worker toiling on the earth can be glimpsed from a distance, illuminating the center of the pavilion…his blows are a frenzied dance toward…
I look up: I'm awestruck! I discover a myriad of tools that cover the ceiling like a constellation.
Around me, I gaze in wonder at an endless collection of columns… big and small. I begin to wander. I move closer to these unusual elements, touching and exploring their surfaces that are made of different materials.
Tap, TAP, TAP…increasingly persistent, this sound, which surrounds and confuses me, follows me on my journey of exploration…]*

_Origins // *MATERIAE PALIMPSEST is a project that focuses on its potential rather than on what it actually does. It explores the possibilities of traditional Moroccan skills. Through its multi-scale approach, it is a source of inspiration for future generations to [re]think, [re]use, [re] adapt these construction techniques.*
MATERIAE PALIMPSEST was born out of the need/desire to identify new ways of thinking that start with earthen architecture. It can have a tangible impact or at least help us ask the right questions about some of the urgent contemporary issues we face.

MATERIAE PALIMPSEST tells the story of a process, a physical and immaterial work in progress. It is, at the same time, a symbolic and a material construction (also understood here as a narrative construction). A material construction where different layers of materials and objects unveil Morocco's geological treasures and technical expertise. There are two parts: A lower part (which we will call "product") where A square grid of three by three, which organizes and composes the space, supports eight groups of nine columns. These seventy two vertical elements of varying height stand on a dirt floor, arranged around a central gathering place, or agora. Each element is a distinct entity that exists autonomously and informs us about its various construction techniques and materials. They demonstrate the genius of traditional Moroccan skills. The upper part (which we will call "tools") materializes the building process through construction tools suspended from a wood structure on the ceiling. These two horizontal levels face each other, dialogue, and meet through a hologram projection at the center of the pavilion, the agora, where the artisan who is the bearer and transmitter of this expertise is celebrated.

The elements of the pavilion are not organized in a line of subordination (as in a hierarchy) with a base (or a root, a trunk), but rather have a structure where any element can affect or influence the others. The itineraries that visitors can follow are unpredictable and are not ranked in any particular order. This circulation transcends its physical function. In this space in between, visitors explore and experience the pavilion, where narratives of the past and present intertwine. In this articulation, a liminal space of production is created between innovation and traditional techniques, where visitors participate in the creation of a collective reflection. It is an invitation to imagine and speculate, aiming to be a catalyst for thinking.
Assuming that architecture is a witness of time, we can assert that a building can preserve the past, inform the present, and imagine the future. As an assembly of different construction techniques linked to specific geographical and climatic contexts in Morocco, MATERIAE PALIMPSEST is intended as a tool for reflection to better redefine our understanding of the past and shed light on the future.

MATERIAE PALIMPSEST is a journey through the processes of making. By fragmenting processes, it is possible to understand them better and ultimately to reinvent and steer them

_ towards better futures //

GENÈSE *GENESIS* النشأة

L'idée fédératrice est de faire connaître la richesse de l'architecture de terre marocaine, tout en démontrant son potentiel en tant que matériau de construction contemporain et innovant.
Cette installation cherche à déconstruire les perceptions et a priori associés à ces techniques ancestrales, parfois considérées comme archaïques ou dépassées.
En réalité, la terre est un matériau aux propriétés exceptionnelles, offrant des solutions écologiques, durables et adaptées aux défis climatiques actuels.

For the Moroccan Pavilion, the underlying concept is to promote the richness of Moroccan earthen architecture, while highlighting its potential as a modern and innovative building material. This installation aims to deconstruct the perceptions and stereotypes associated with these traditional techniques, which are sometimes considered outdated.
Earth is a material with outstanding properties, offering eco-friendly, sustainable, and relevant solutions to today's climate-related issues.

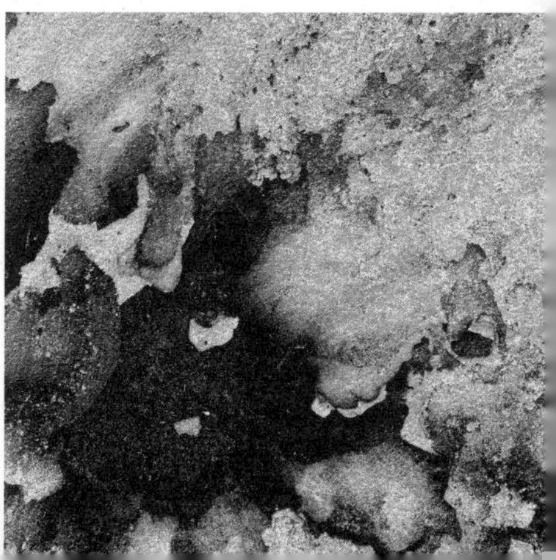

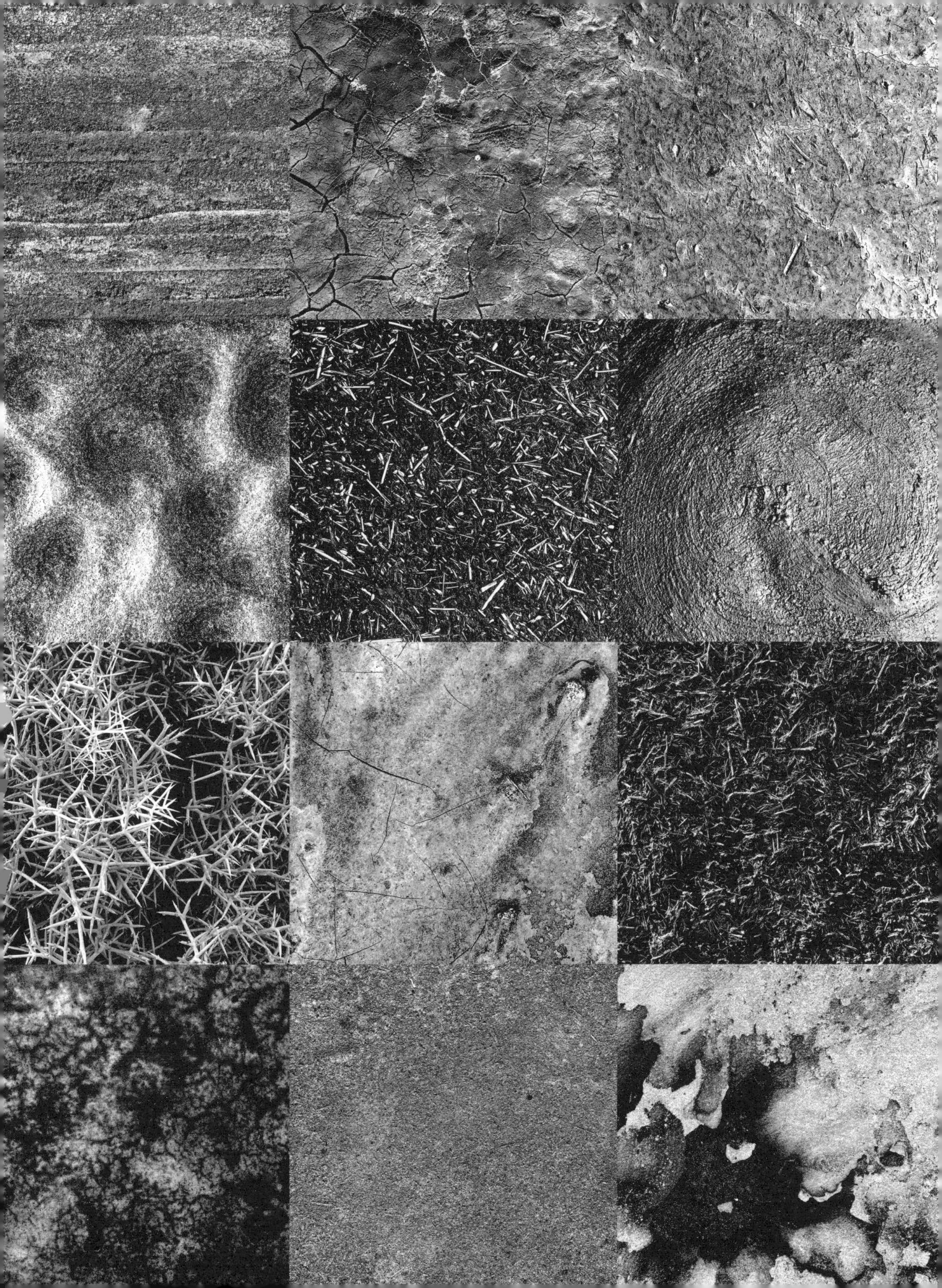

MATERIAE PALIMPSEST naît du désir d'allier tradition et innovation, en créant une expérience immersive qui invite les visiteur·euse·s à se plonger dans l'art de la construction en terre, mais aussi à redéfinir la perception de l'intelligence collective. Imaginé comme un mémorial, MATERIAE PALIMPSEST honore la sagesse ancrée dans les savoir-faire ancestraux affinés à travers des siècles d'observation et d'interaction avec la nature, nous poussant à embrasser une architecture plus respectueuse.

MATERIAE PALIMPSEST combines tradition and innovation by immersing visitors in the art of earthen construction and inviting them to appreciate it through the lens of collective intelligence. Envisioned as a memorial, this exhibition honors the wisdom of traditional skills honed over centuries through observation and interaction with nature, advocating for a more sustainable architecture.

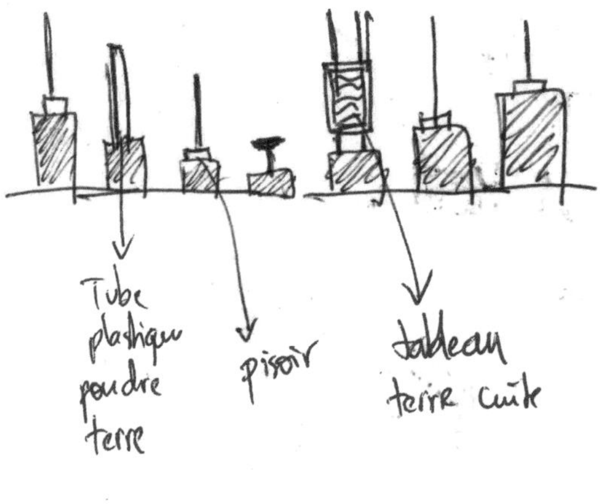

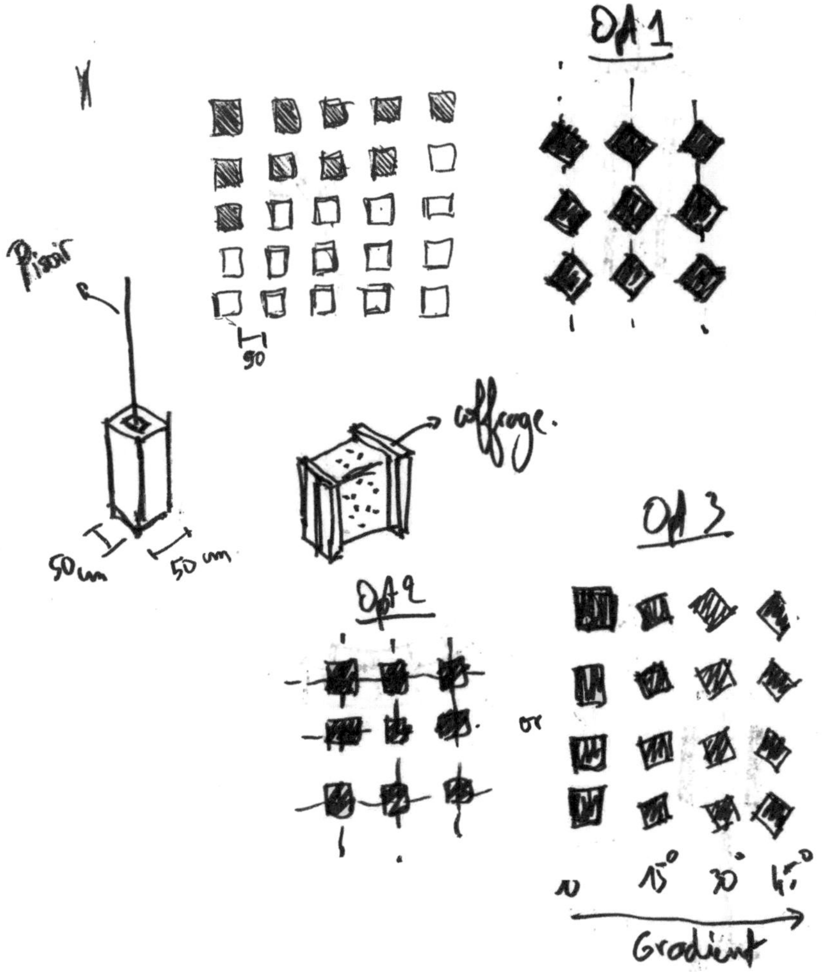
Opt 1
coffrage.
50 cm
50 cm
Opt 2
or
Opt 3
Gradient

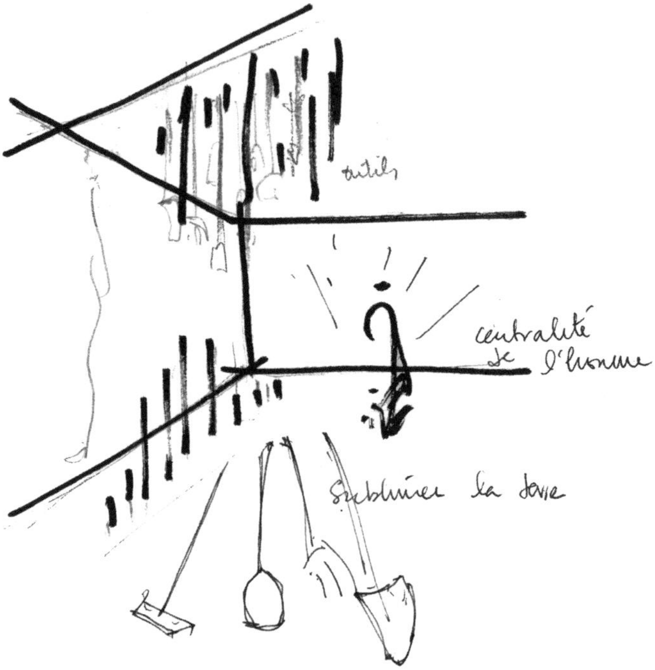

L'exposition souhaite également susciter une réflexion sur l'importance de préserver et de valoriser le patrimoine culturel, dans une perspective de réconcilier les Marocain·es avec leur passé.

The exhibition also seeks to encourage reflection on the importance of preserving and promoting cultural heritage, to reconcile Moroccans with their past.

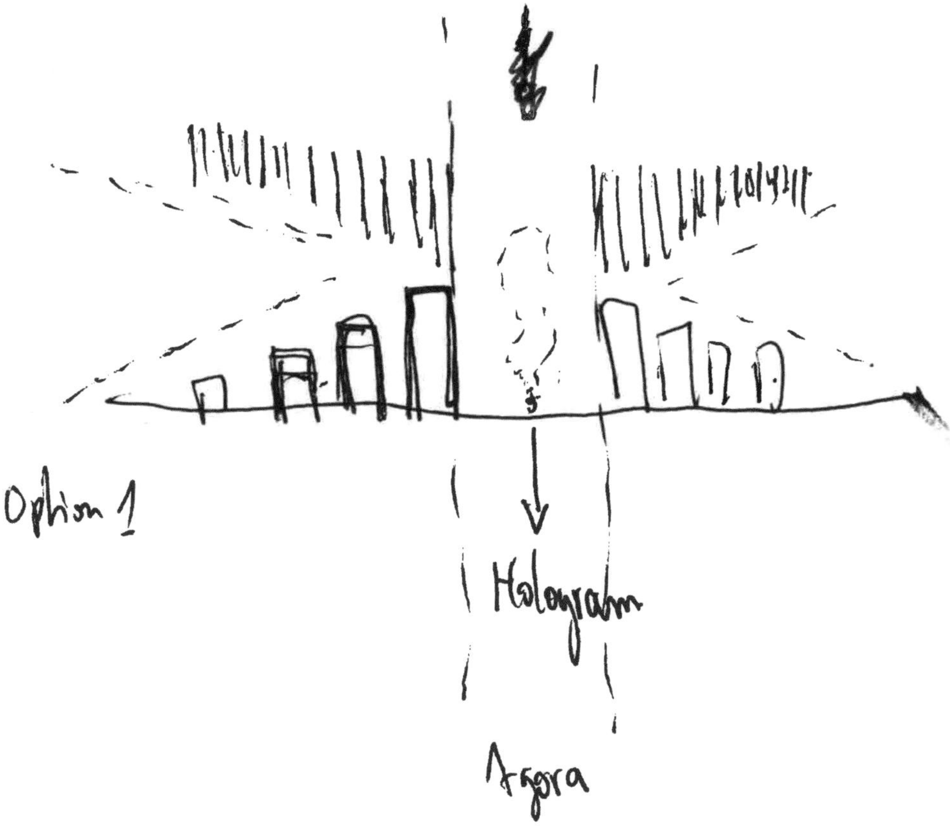
Option 1
Hologram
Agora

opt 2

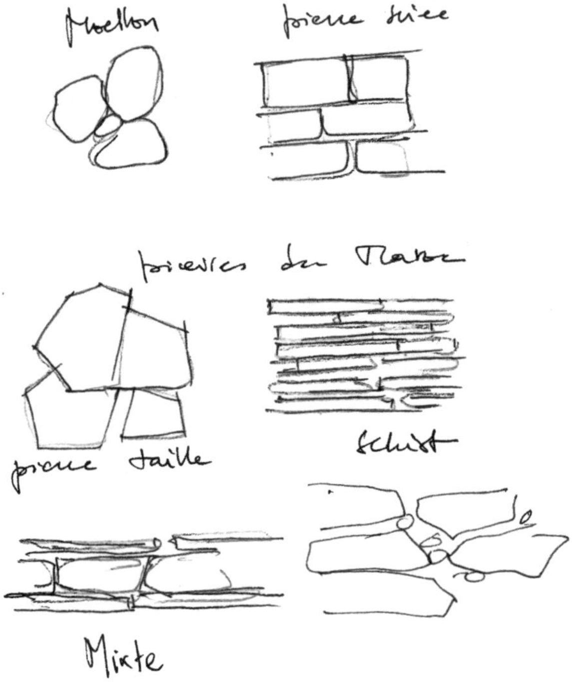

« La terre est notre mère, nous devons, autant que possible, la magnifier »

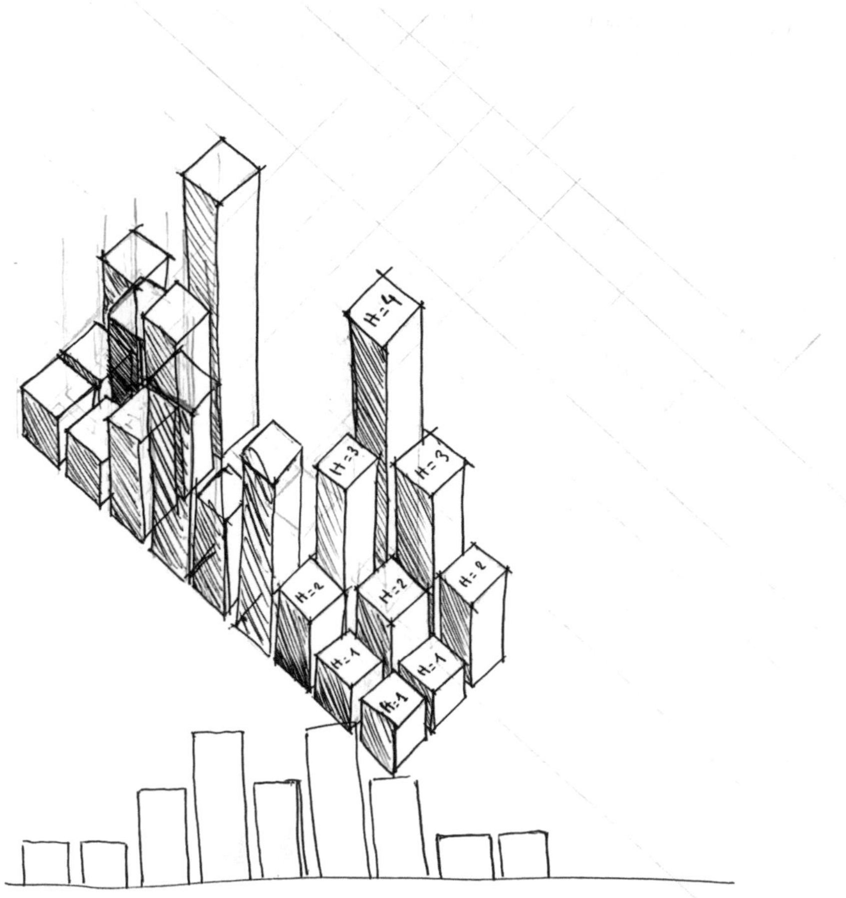

Le projet met en lumière la diversité des techniques de construction en terre utilisées à travers le Maroc, telles que le pisé, l'adobe ou la bauge.

The project highlights the diversity of earth construction techniques used across Morocco, such as rammed earth, adobe, and cob.

Chaque technique est liée à des contextes géographiques et climatiques spécifiques, démontrant que le génie et les savoir-faire traditionnels peuvent être adaptés et modernisés pour répondre à nos besoins de confort contemporains. En exposant ces techniques, MATERIAE PALIMPSEST vise à inspirer une nouvelle génération d'architectes et de constructeurs à explorer ces méthodes, en démontrant que la terre n'est pas un matériau du passé, mais un choix viable pour le présent et d'autant plus censé pour l'avenir.

Each technique is associated with a specific geographical and climatic context, demonstrating that traditional skills and ingenuity can be adapted and updated to suit our modern comfort needs.
By presenting these techniques, MATERIAE PALIMPSEST aims to spark interest in a new generation of architects and builders, encouraging them to explore these methods and demonstrating that earth is not an archaic material, but a viable choice for today and for many years to come.

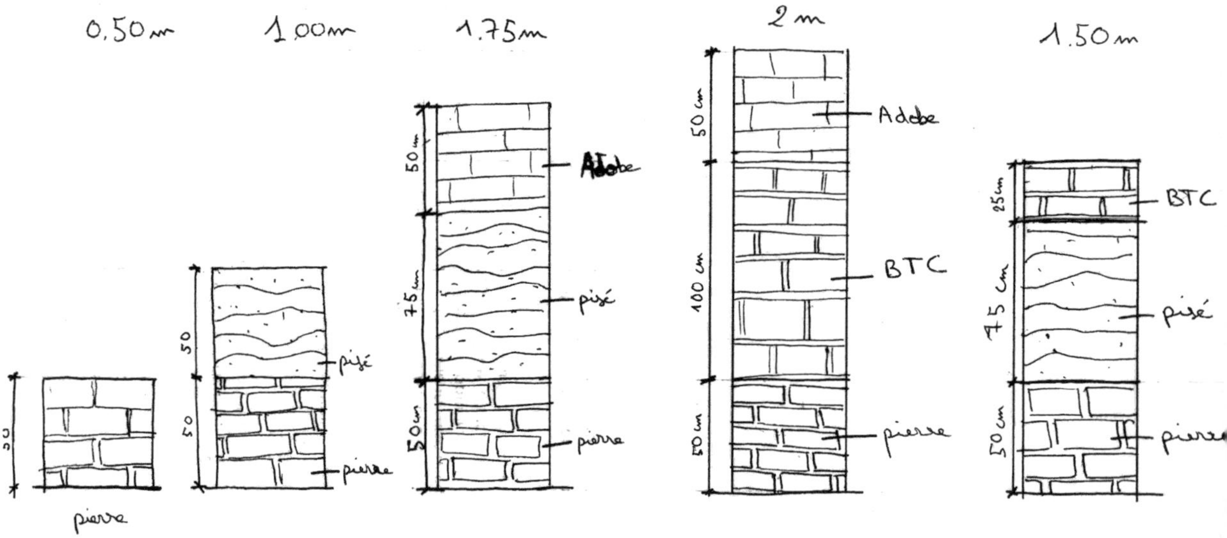

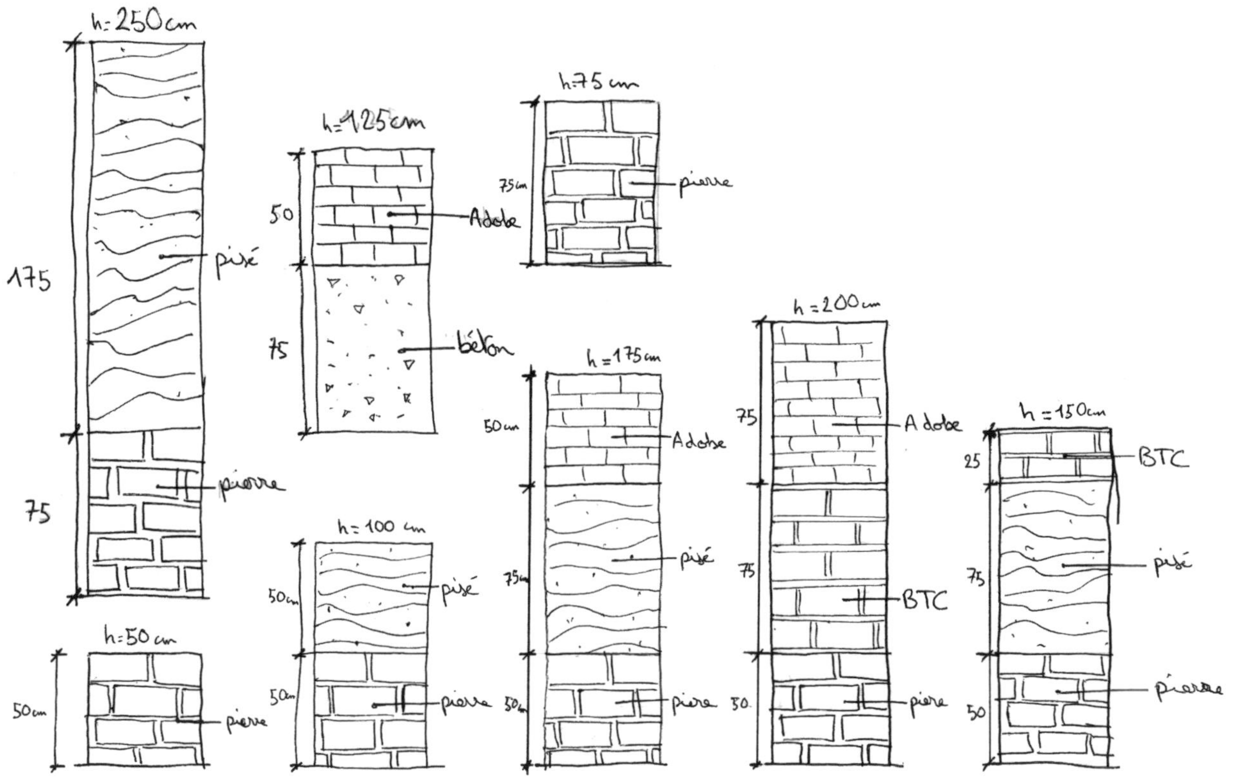
h=250cm
175
pisé
75
pierre
h=125cm
50
Adobe
75
béton
h=75 cm
75cm
pierre
h=50 cm
50cm
pierre
h=100 cm
50cm
pisé
50cm
pierre
h=175cm
50cm
Adobe
75cm
pisé
50cm
piere
h=200cm
75
Adobe
75
BTC
50
piere
h=150cm
25
BTC
75
pisé
50
pierre

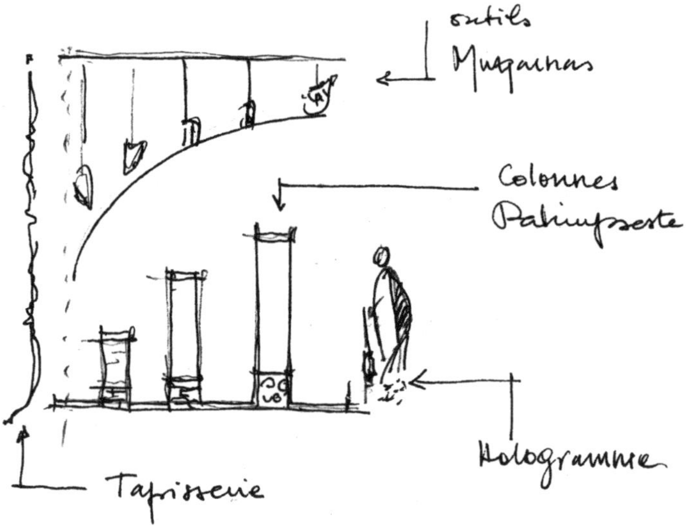
outils
Muqarnas
Colonnes
Palimpseste
Hologramme
Tapisserie

MAIN, n. f. يد

Du latin *manus*.

◆ Organe physique et moteur, la main est l'interface entre l'humain et son environnement. À travers elle, la technique prend forme, reliant la conception intellectuelle à la mise en œuvre matérielle. Elle est l'outil premier de l'artisanat, permettant de façonner, construire et transmettre les savoir-faire.

◆ Extension de l'âme et de la pensée, la main est le vecteur de l'intelligence collective. Elle porte en elle la mémoire des gestes, inscrivant dans la matière une continuité entre tradition et invention. Yed l'mâalem, la main du maître, ne se contente pas de produire : elle transforme, interprète et révèle, façonnant non seulement l'objet, mais aussi la relation de l'humain au monde.

GLOSSAIRE

PALIMPSESTE, n. f. طرس

Du latin *palimpsestus*, lui-même emprunté au grec ancien palimpsēstos, signifiant « gratté de nouveau » (palin = « de nouveau » et psēstos = « gratté »).

◆ Le palimpseste réutilise des supports d'écriture ou de peinture. Cette pratique, d'abord apparue pour des raisons d'économie de matière, est devenue une métaphore culturelle avec les avancées de la philologie et des études architecturales au XIXe siècle.

◆ L'architecture est un palimpseste matériel : chaque transformation laisse une empreinte visible ou latente. MATERIAE PALIMPSEST étudie cette stratification dans l'architecture, explorant comment la matière conserve la mémoire des usages et des interventions humaines.

MATIÈRE, n. f. مادة

Du latin *materia* (« substance, bois de construction »), dérivé de *mater* (« mère »), soulignant son rôle génératif.

◆ Substance première de toute construction, la matière est à la fois structure et résistance, modelable et soumise aux lois physiques. Elle se plie à la gravité, se transforme sous la main de l'humain et répond à des contraintes d'usage, de solidité et d'esthétique. Plus qu'un simple matériau, elle est l'interface entre la nature brute et l'intention architecturale, un support qui porte en lui les traces de sa transformation.

◆ La matière est mémoire. Elle absorbe le passage du temps, retient l'histoire des gestes qui l'ont façonnée et dialogue avec son environnement. Dans MATERIAE PALIMPSEST, elle n'est pas un simple support mais une archive vivante, capable de témoigner du passé tout en restant ouverte aux métamorphoses du futur.

TRANSMISSION, n. f. استمرارية

Du latin *transmissio* (« action de faire passer au-delà »), formé de *trans* (« au-delà ») et *mittere* (« envoyer »).

◆ Depuis les guildes médiévales jusqu'à l'enseignement moderne de l'architecture, la transmission est essentielle à la perpétuité des techniques constructives. Elle a été formalisée par Vitruve dans *De architectura* et renouvelée par le Mouvement moderne.

◆ La transmission est une sédimentation d'expériences, un dépôt invisible qui façonne le présent sans toujours en porter le nom. Elle est cette matière qui circule entre les générations, se transformant sans se perdre, à l'image des savoir-faire vernaculaires dont l'empreinte subsiste dans la mémoire des lieux et des matériaux.

TERRE, n. f. أرض

Du latin *terra*, qui renvoie à la fois à la matière et à l'idée de territoire.

◆ À l'origine de toutes les matières, la terre est à la fois support et substance. Composée de minéraux, d'eau et d'éléments organiques, elle forme le sol nourricier qui façonne les paysages et conditionne la vie. Malléable lorsqu'elle est humide, solide une fois sèche, elle évolue avec le temps et les climats, offrant une richesse de textures et de teintes qui témoignent de sa diversité géologique.

◆ La terre est la première architecture, le socle de toutes les constructions et le berceau des savoirs ancestraux. Elle est un palimpseste en soi : extraite, modelée, patinée par le temps et les usages. Elle porte en elle l'intelligence d'un territoire, un langage que les bâtisseurs traditionnels savaient écouter et traduire.

INTELLIGENCE, n. f. ذكاء

Du latin *intellegentia*, *intelligentia*, elle définit l'action de discerner et de comprendre.

◆ Une capacité d'adaptation et de transformation qui dépasse la simple compréhension. Elle ne se limite pas à l'accumulation de connaissances, mais réside dans la manière dont elles sont mises en relation, appliquées et réinventées en fonction des contextes. L'intelligence n'est pas un état, mais un processus dynamique qui permet d'analyser, d'anticiper et de créer.

◆ L'intelligence est une alchimie entre l'instinct et la connaissance, entre ce qui est appris et ce qui est ressenti. Elle ne se réduit pas à l'innovation technologique mais s'ancre dans une lecture fine du réel, comme celle des bâtisseurs qui savaient lire la terre, anticiper le vent et comprendre la lumière sans outils numériques.

COLLECTIF•VE, adj. جماعي

Issu du latin, *collectivus* signifie «ce qui groupe, ou ce qui rassemble».

◆ Se définit par ce qui réunit plusieurs individus autour d'un but commun, ce qui dépasse l'échelle individuelle pour s'inscrire dans une dynamique de groupe. Le collectif repose sur la mise en commun des savoirs, des efforts et des ressources, structurant les interactions humaines dans le partage et la coopération.

◆ Le collectif est une trame de relations où chaque intervention laisse une empreinte, où l'individuel se fond dans un dialogue plus vaste. Il est le tissu vivant d'un projet, à l'image d'une architecture pensée non comme un objet figé, mais comme une accumulation de gestes, d'usages et d'adaptations successives.

TECHNIQUE, n. f. تقنية

Du grec *teknè*, signifiant « art, industrie, technique, méthode, ou encore artifice ».

◆ Moyen par lequel l'humain façonne son environnement, la technique est une extension de sa capacité d'adaptation. Elle structure les savoirs, guide le geste et inscrit l'ingéniosité dans la matière.

◆ Héritage de Prométhée, la technique est le feu qui éclaire la vulnérabilité humaine et lui permet de survivre. Elle est un langage silencieux, une mémoire de gestes accumulés qui tissent un lien entre l'intuition, l'apprentissage et la transmission. Plus qu'un simple outil, elle est un mode d'existence, un dialogue entre l'humain et le monde qu'il transforme autant qu'il l'habite.

GLOSSARY

Hand, noun / *Borrowing from Old English hond.*

◆ A physical and motor organ, the hand is the interface between humans and their environment. Technology is shaped by the hand; it connects intellectual design to its material implementation. It is the primary tool of the artisan, and it is used to shape, build, and pass on skills.

◆ An extension of the soul and the intellect, the hand is the vehicle of collective intelligence. It bears the memory of gestures, inscribing in matter a continuity between tradition and invention. Yed l'maalem, the master's hand, does more than just produce; it transforms, interprets, and reveals, shaping not only objects, but also the human relationship to the world.

Palimpsester, noun / *Borrowed from the Latin word palimpsestus, itself borrowed from Ancient Greek palimpsēstos, meaning "scratched again" (palin = "again" and psēstos = "scratched").*

◆ A palimpsest reuses writing or painting media. This practice, which first emerged to economize materials, became a cultural metaphor due to the development in philology and architectural studies in the nineteenth century.

◆ Architecture is a material palimpsest: each transformation leaves a visible or latent imprint. MATERIAE PALIMPSEST explores this stratification in architecture, examining how building materials retain the memory of human use and intervention.

Transmission, noun / *Borrowing from Latin transmissio ("action of sending beyond"), formed from trans ("across") and mittere ("to send").*

◆ From medieval guilds to modern architectural teaching, transmission is essential to ensure the continuity of building techniques. It was formulated by Vitruvius in his work De architectura *and revived by the Modern Movement.*

◆ Transmission is the sedimentation of experiences, an invisible deposit that shapes the present without necessarily bearing its name. Transmission is matter that is passed down from one generation to the next, undergoing transformation without being lost, just like vernacular skills leave their mark on the memories of places and materials.

Earth, noun / *Borrowing from Old English eorþe ("ground, soil, dirt, country"), which refers both to matter and to the idea of territory, which links to the French word for "earth," terre.*

◆ At the origin of all matter, earth is both a support and a substance. Consisting of minerals, water, and organic elements, it forms the nourishing soil that shapes landscapes and sustains life. Malleable when wet, and solid when dry, it evolves with time and climatic conditions, offering a wealth of textures and shades that reflect its geological diversity.

◆ Earth is the first form of architecture, the bedrock of all constructions and the cradle of ancestral knowledge. It is a palimpsest of its own: extracted, shaped, and weathered by time and use. It contains the intelligence of a territory, a language that traditional builders knew how to listen to and translate.

Intelligence, noun / *Borrowing from Latin intellegentia, intelligentia, it refers to the ability to perceive and to understand.*

◆ A capacity to adapt and transform, transcending simple understanding. It is not simply about accumulating knowledge, but about the way in which it is put together, applied, and reinvented according to context. Intelligence is not a state, but a dynamic process that allows us to analyze, anticipate, and create.

◆ Intelligence is an alchemy between instinct and knowledge, between what is learned and what is felt. It is not limited to technological innovation; it is rooted in an intuitive reading of reality, like that of the builders who knew how to read the earth, anticipate the wind, and understand light without digital tools.

Collective, adjective / *Borrowing from Latin, collectivus, meaning "that puts together, or what brings together."*

◆ Defined by what brings together several individuals around a common goal, transcending the individual scale to become part of a group dynamic. The collective relies on the pooling of knowledge, efforts, and resources, structuring human interactions through sharing and cooperation.

◆ The collective is a network of relationships where each contribution leaves its mark, where the individual merges into a greater dialogue. It is the living material of a project, like a structure, considered not as a fixed object, but as an accumulation of gestures, uses, and repeated adaptations.

Technique, noun / *Borrowing from Ancient Greek teknè, meaning "art, skill, technique, method, or trick."*

◆ As the means by which humans shape their environment, technique is an extension of their adaptive capacity. It structures knowledge, guides gestures, and inscribes ingenuity into matter.

◆ Inherited from Prometheus, the technique is the fire that sheds light on our human vulnerability and that enables us to survive. It is a silent language, a memory of accumulated gestures that connects intuition, learning, and transmission. More than just a tool, it's a way of life, a dialogue between human beings and the world they transform and inhabit.

Matter, noun / *Borrowing from Latin materia ("substance, timber"), derived from mater ("mother"), highlighting its reproductive role.*

◆ As the primary substance of all construction, matter is both structure and resistance, shapeable and subject to the laws of physics. It obeys the forces of gravity, transforms itself under human hands, and meets the constraints of use, solidity, and aesthetics. More than just a material, matter is the interface between untouched nature and the architectural intention, a medium that bears the traces of its transformation.

◆ Matter is memory. It absorbs the passage of time, preserves the history of the gestures that have shaped it, and dialogues with its environment. In MATERIAE PALIMPSEST, matter is not just a medium, but a living archive, witnessing the past while remaining open to transformations in the future.

Sources

■ Debarre, Anne, and Morel Journel, Guillemette. "Introduction. Architecture 89 : que transmettre et comment ?." In Transmissions, 1989, hors-champ de l'architecture officielle, edited by Anne Debarre and Guillemette Morel Journel. École Nationale Supérieure d'Architecture Paris-Malaquais, 2020.

■ Lozat, Mélanie. "Prométhée et l'humanité". ASDIWAL. Revue genevoise d'anthropologie et d'histoire des religions. no. 2, 2007. pp. 157-163. https://doi.org/10.3406/asdi.2007.880.

■ Marot, Sébastien. "Du palimpseste à l'hyperville." In Le Territoire comme palimpseste et autres essais, edited by André Corboz. L'Imprimeur, 2001. pp. 9-20.

■ Picon, Antoine. La matérialité de l'architecture. Éditions Parenthèses, 2018.

■ Zanfi Caterina. "Quand l'être humain est devenu vivant. L'Homo faber dans l'anthropologie philosophique, la philosophie de la vie et le pragmatisme." In Repenser la nature, edited by Arto Charpentier, Marco Dal Pozzolo and Matteo Pagan, Éditions de la rue d'Ulm, 2023. pp. 151-179.

■ Zanfi Caterina. "Quand l'être humain est devenu vivant. L'Homo faber dans l'anthropologie philosophique, la philosophie de la vie et le pragmatisme." In Repenser la nature, edited by Arto Charpentier, Marco Dal Pozzolo and Matteo Pagan, Éditions de la rue d'Ulm, 2023. pp. 151-179.

طرس مادي

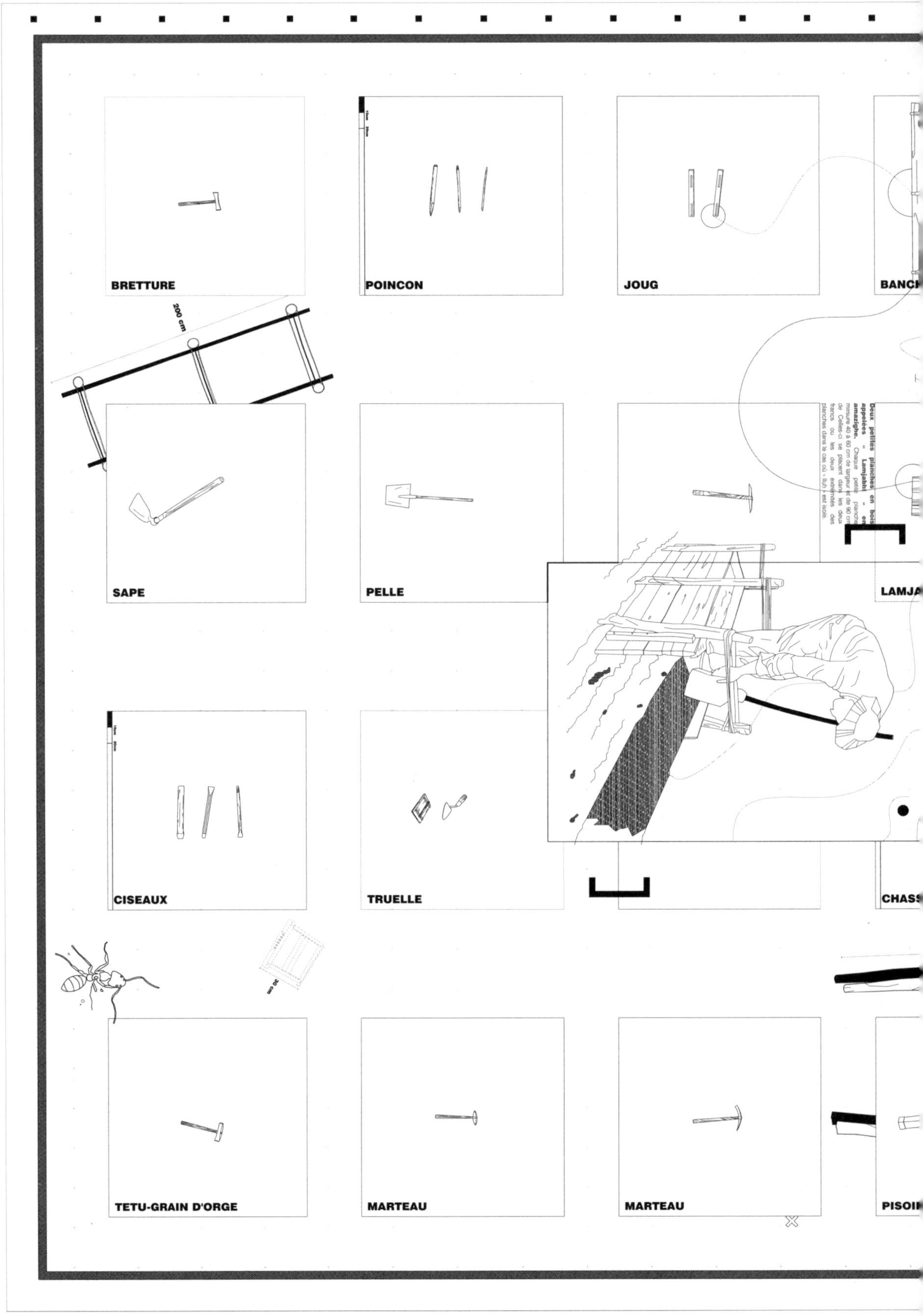
BRETTURE
POINCON
JOUG
BANC
200 cm
SAPE
PELLE
LAMJA
Deux petites planches en bois appelées « Lamjabht » en amazighe. Chaque petite planche mesure 40 à 60 cm de largeur et de 90 cm de Celles-ci se placent dans les deux francs ou les deux extrémités des planches dans le cas où « lluh » est isolé.
CISEAUX
TRUELLE
CHASS
30 cm
TETU-GRAIN D'ORGE
MARTEAU
MARTEAU
PISOI

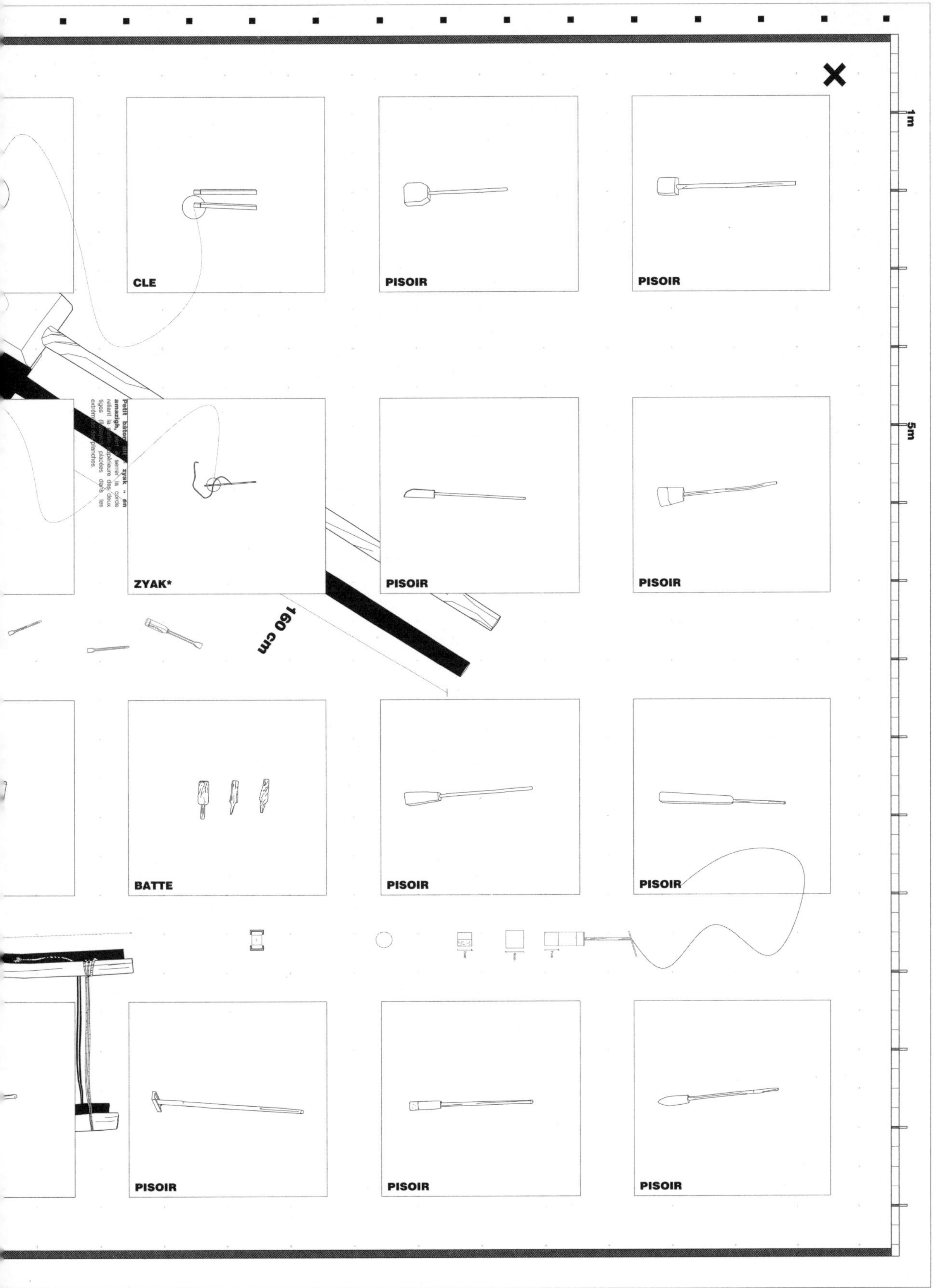
1m
5m
CLE
PISOIR
PISOIR
ZYAK*
PISOIR
PISOIR
160 cm
BATTE
PISOIR
PISOIR
PISOIR
PISOIR
PISOIR

Nous recherchions une maquette faite avec imprécision, comme une esquisse, aux antipodes d'un trait dessiné par ordinateur. Cette indécision (ou même ce doute) permet de se rapprocher d'un résultat sans pour autant le figer. Monim Sabyh était le candidat idéal. Ce jeune homme autodidacte, d'un grand talent, nous a rapidement convaincus par sa rigueur, son autonomie et sa grande dextérité. Un artiste en capacité de fabriquer un objet et un espace qui participent non seulement à la représentation tridimensionnelle du pavillon mais aussi à sa conception. Le travail en maquette étant en ce sens une continuité du dessin mais qui, contrairement à lui, nous a permis d'aborder la notion d'échelle.

We were looking for a model made with imprecision, like a sketch, at the antipodes of a computer-drawn line. This indecision (or even doubt) makes it possible to approach a result without freezing it. Monim Sabyh was the ideal candidate. This self-taught young man, of great talent, quickly, convinced us by his rigor, his autonomy, and his great dexterity. An artist able to create an object and a space that not only participates in the three-dimensional representation of the pavilion but also in its design. The work in the model is in this sense a continuity of the drawing but, unlike it, has allowed us to approach the notion of scale.

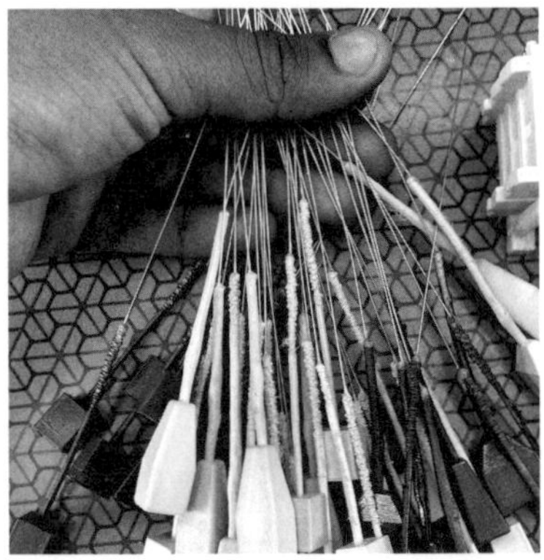

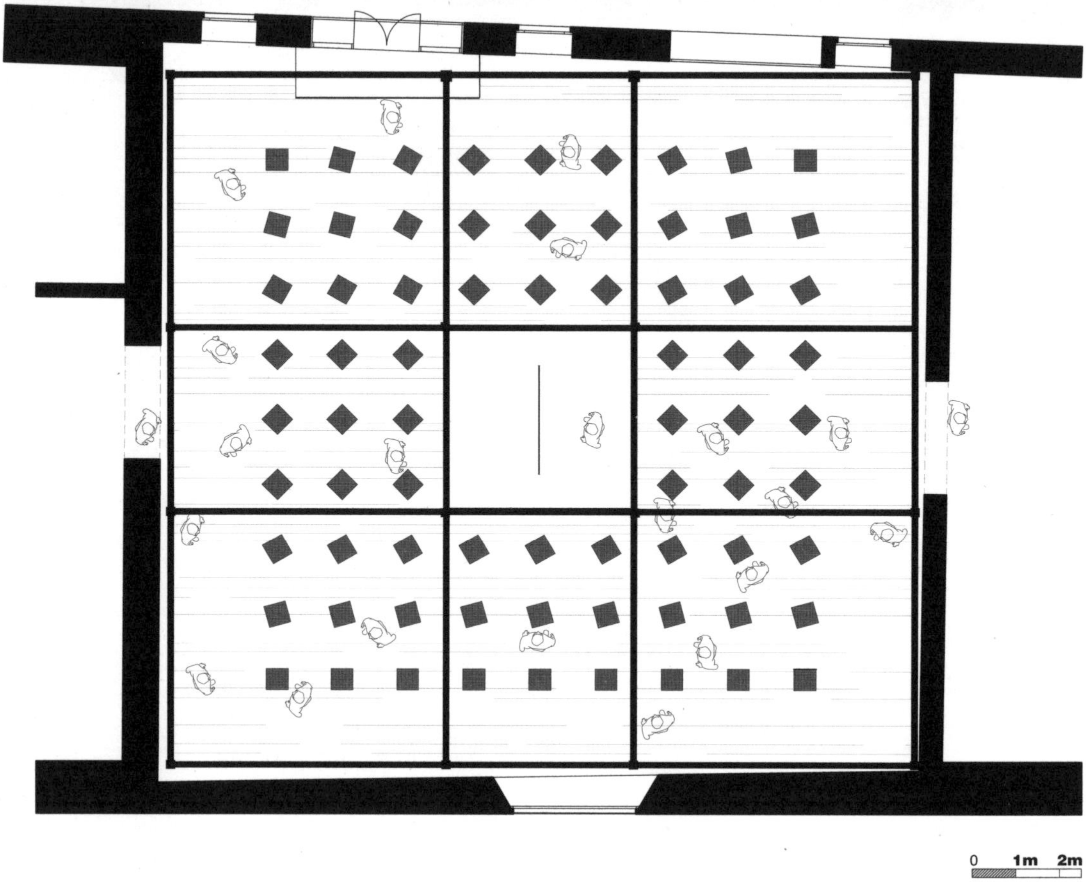
0
1m
2m

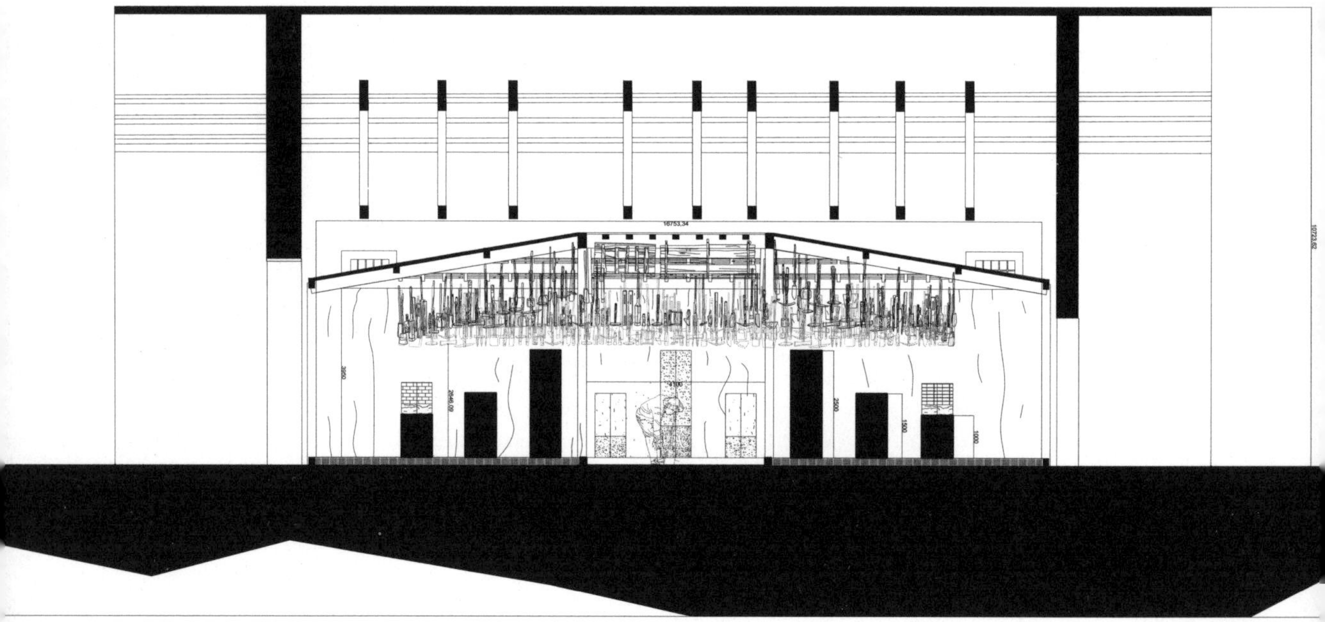

DISPOSITIF SCÉNOGRAPHIQUE

L'installation est divisée en huit groupes de neuf colonnes chacun, où chacun des groupes suit une courbe mathématique en gradation. La base de chaque groupe, un cube, présente une technique spécifique de chaque matériau : pierre calcaire, pierre de grès, pierre basalte, pierre granite, béton de chaux, béton de plâtre, béton cyclopéen de chaux ou brique de terre cuite. À partir de ces bases, une strate de terre est ajoutée, employant une technique de mise en œuvre différente pour chaque colonne. Cette progression démontre la richesse et la diversité des combinaisons possibles dans la construction en terre. Les colonnes les plus hautes, au sommet de cette progression, présentent l'aspect fini, illustrant le potentiel esthétique et fonctionnel des techniques de construction en terre.

Au-dessus de l'installation, accrochés au plafond, des outils de construction servant au façonnement des cubes en terre lévitent comme une forêt inversée. Cette installation, tel un reflet en négatif des colonnes de terre, symbolise les savoir-faire traditionnels et leur importance dans le processus de construction. Ces outils, suspendus au plafond, offrent une dimension supplémentaire, l'expérience immatérielle et conceptuelle de l'exposition, soulignant le lien entre la main de l'artisan et la matière première.

SCENOGRAPHIC INSTALLATION

The layout is divided into eight groups of nine columns each. Every group follows a mathematical gradation curve and features a specific technique for each material: limestone, sandstone, basalt, granite, lime, gypsum, cyclopean lime concrete, or terracotta brick. An earth layer is then added to these bases, using a different technique for each column. This progression highlights the wealth of possible combinations in earthen construction. The tallest columns, which are located at the end of this progression, display the finished models which demonstrate the aesthetic and functional potential of earth-based construction techniques.

Above the installation, construction tools, used to shape the earthen pillars, hang from the ceiling, levitating like an upside-down forest. Mirroring the earth columns from above, this installation symbolizes traditional skills and their significance in the construction process. The tools suspended from the ceiling add a new dimension to the immaterial and conceptual experience of the exhibition by emphasizing the connection between the artisan's hand and the raw material.

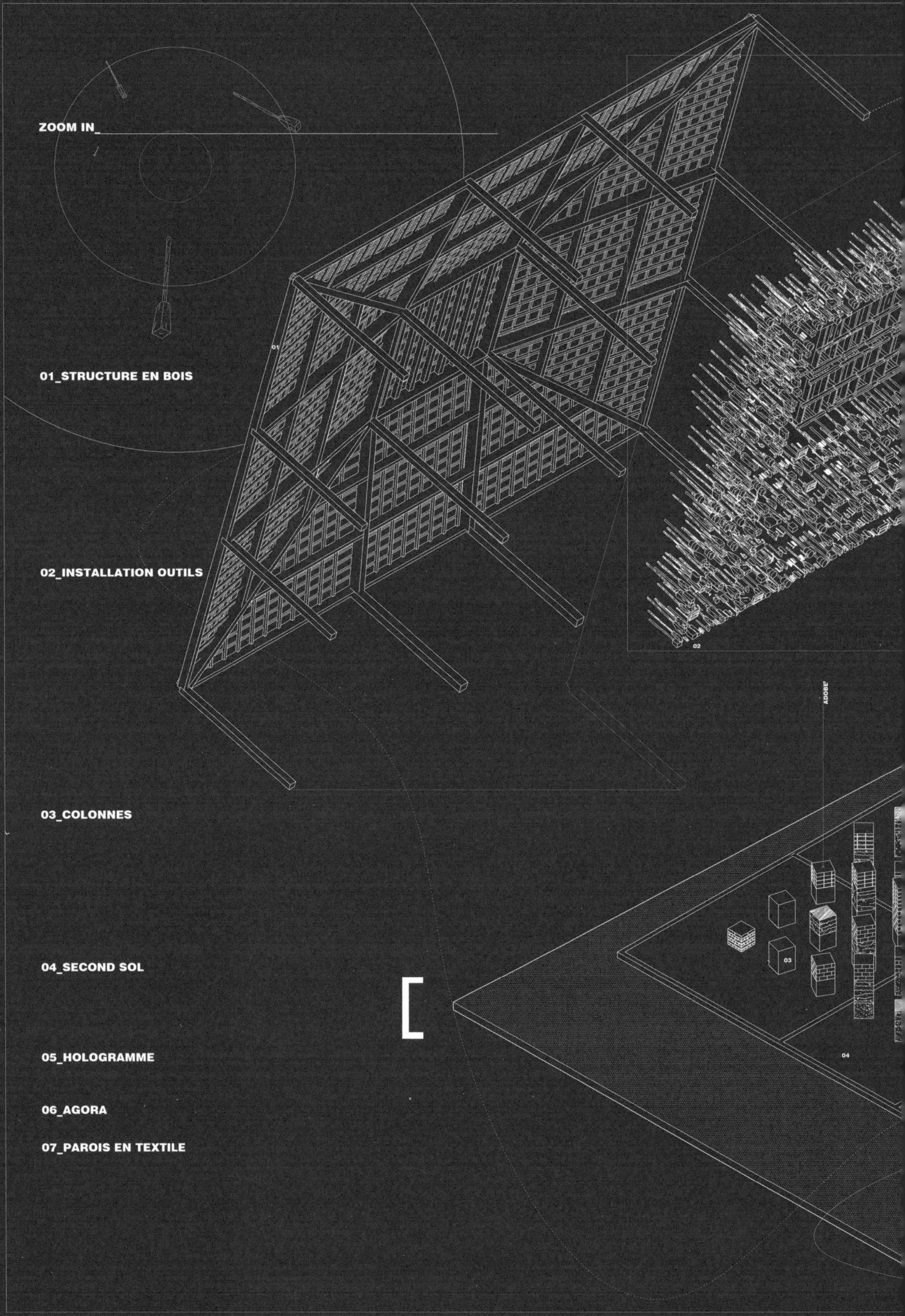
ZOOM IN_
01_STRUCTURE EN BOIS
02_INSTALLATION OUTILS
03_COLONNES
04_SECOND SOL
05_HOLOGRAMME
06_AGORA
07_PAROIS EN TEXTILE
01
02
03
04
ADOBE

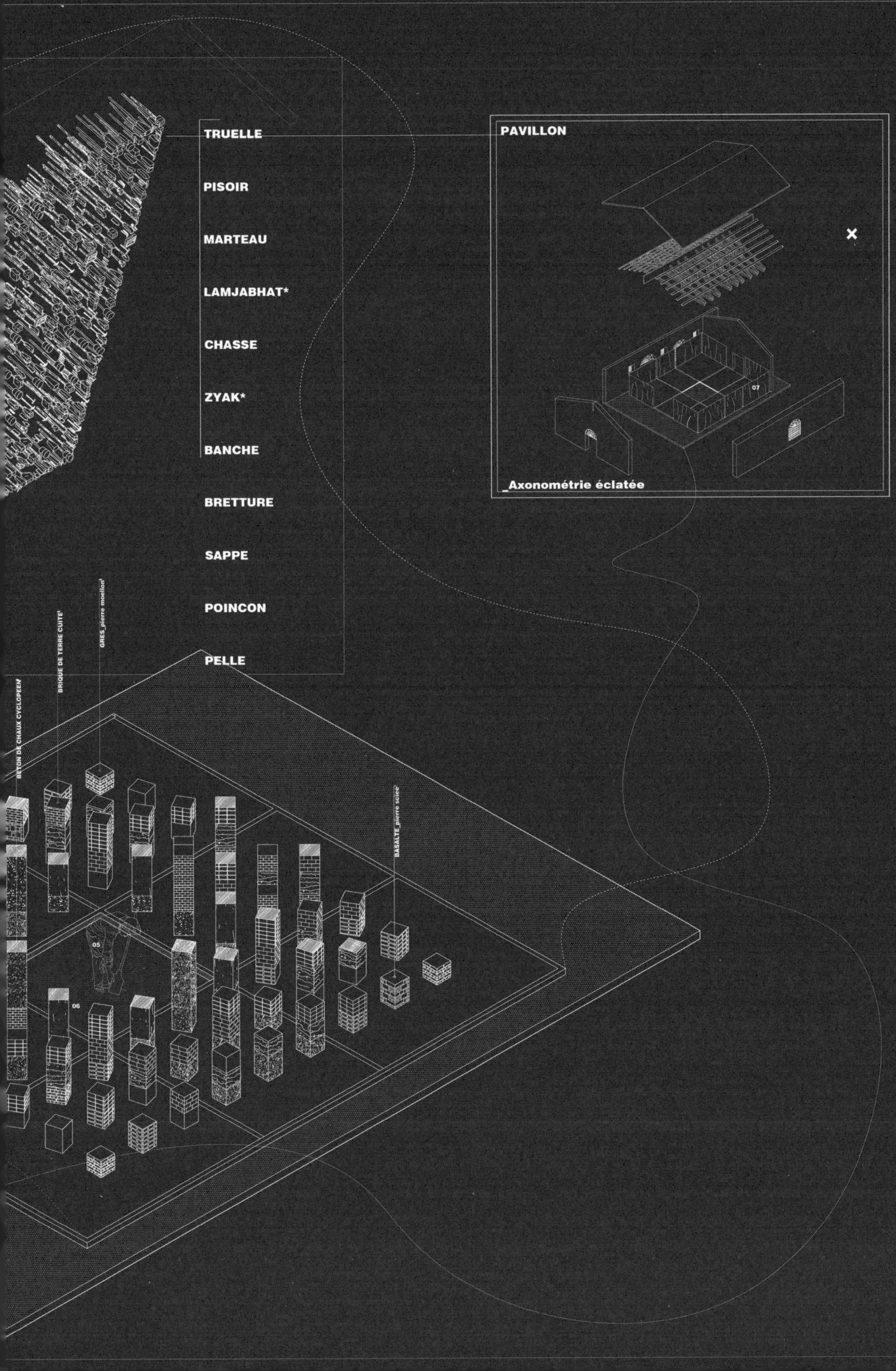
TRUELLE
PISOIR
MARTEAU
LAMJABHAT*
CHASSE
ZYAK*
BANCHE
BRETTURE
SAPPE
POINCON
PELLE
PAVILLON
07
_Axonométrie éclatée
BETON DE CHAUX CYCLOPEEN
BRIQUE DE TERRE CUITE
GRES_pierre moellon
BASALTE_pierre sciée
05
06

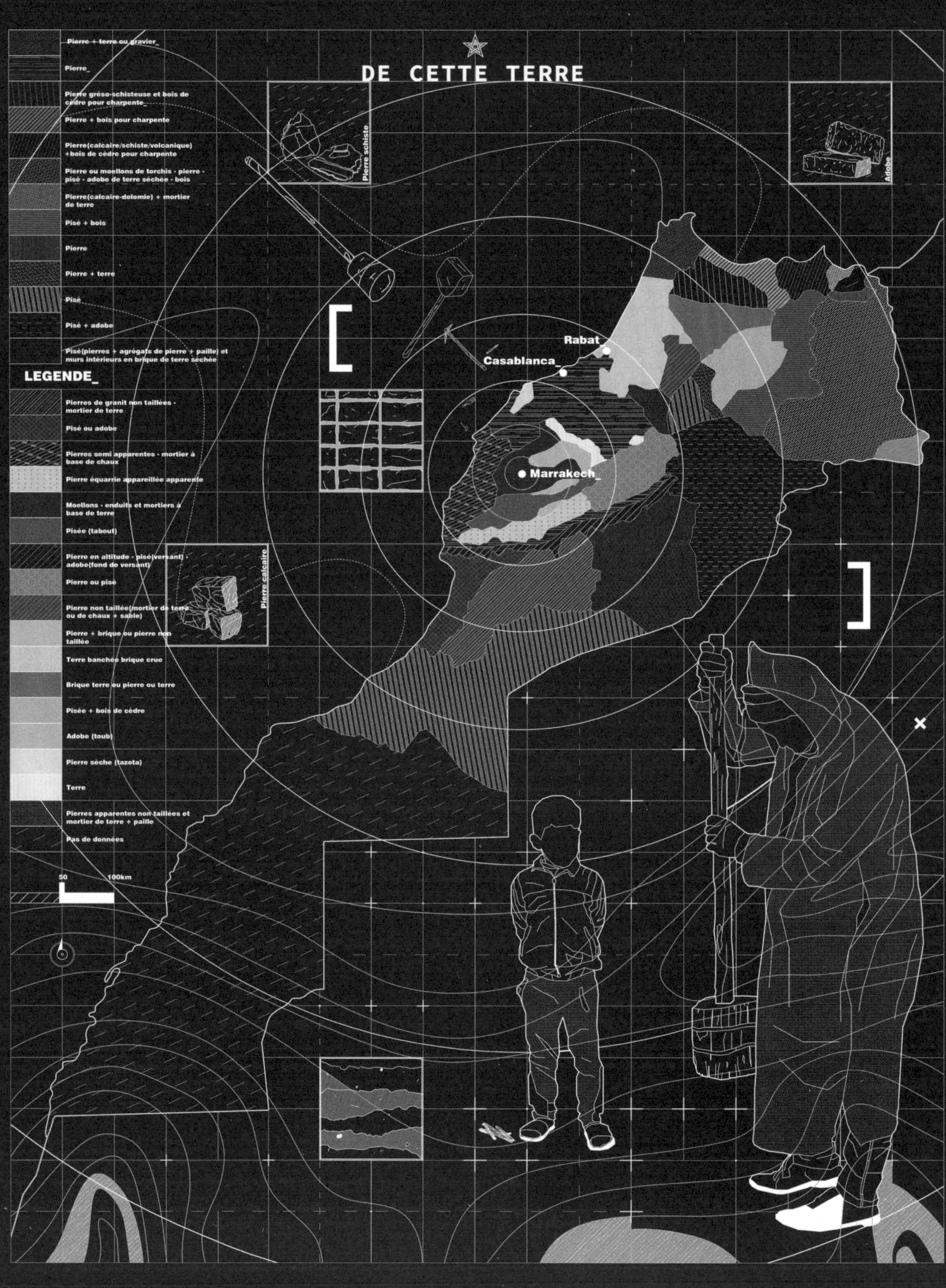
DE CETTE TERRE
Pierre + terre ou gravier_
Pierre_
Pierre gréso-schisteuse et bois de cèdre pour charpente_
Pierre + bois pour charpente
Pierre(calcaire/schiste/volcanique) +bois de cèdre pour charpente
Pierre ou moellons de torchis - pierre - pisé - adobe de terre séchée - bois
Pierre(calcaire-dolomie) + mortier de terre
Pisé + bois
Pierre
Pierre + terre
Pisé
Pisé + adobe
Pisé(pierres + agrégats de pierre + paille) et murs intérieurs en brique de terre séchée
LEGENDE_
Pierres de granit non taillées - mortier de terre
Pisé ou adobe
Pierres semi apparentes - mortier à base de chaux
Pierre équarrie appareillée apparente
Moellons - enduits et mortiers à base de terre
Pisée (tabout)
Pierre en altitude - pisé(versant) - adobe(fond de versant)
Pierre ou pisé
Pierre non taillée(mortier de terre ou de chaux + sable)
Pierre + brique ou pierre non taillée
Terre banchée brique crue
Brique terre ou pierre ou terre
Pisée + bois de cèdre
Adobe (toub)
Pierre sèche (tazota)
Terre
Pierres apparentes non taillées et mortier de terre + paille
Pas de données
50
100km
Pierre schiste
Adobe
Pierre calcaire
Rabat
Casablanca_
Marrakech_

PROCESSUS *PROCESS* عملية

LA TECHNIQUE EN QUESTION

CONVERSATION ENTRE

ELIE MOUYAL &

KHALIL MORAD EL GHILALI

Nous vivons aujourd'hui dans un monde en quête de certitudes, où le socle philosophique sur lequel Descartes voulait fonder la modernité semble vaciller toujours plus. Fractures, exclusions, séparations : tout paraît se disloquer. Pourtant, au cœur de cette instabilité, une force ne cesse de croître et de s'imposer : la technique.

Alors que nos connaissances se complexifient et que l'histoire remet en question nos acquis, la technique devient une nouvelle réalité incontournable, évoluant à une vitesse inédite. Elle façonne notre monde, transforme notre quotidien et redéfinit nos manières de concevoir, construire et interagir.

L'architecture et l'urbanisme ne font pas exception à cette dynamique : plus que jamais, ils s'appuient sur des techniques sophistiquées et normées. Toutefois, un fossé semble se creuser entre la technique et l'art. Jadis intimement liés, ces deux domaines tendent aujourd'hui à s'éloigner, l'art cherchant à s'affranchir d'une technicité qui autrefois le nourrissait.

Elie Mouyal est un architecte DPLG marocain, diplômé de l'école de Paris Belleville. Dès son retour à Marrakech en 1982, avant même l'obtention de son diplôme, il s'investit dans la production de matériaux et la construction en terre crue, encadrant jusqu'à 200 ouvriers et maçons formés directement sur les chantiers.
En 1986, il obtient son diplôme en présentant ses recherches sur les techniques expérimentales ainsi que plusieurs réalisations architecturales. Depuis près de quarante ans, il a conçu et réalisé plus d'une cinquantaine de bâtiments autour de Marrakech.
Ses projets ont attiré une clientèle variée, contribuant à l'essor et à la reconnaissance de son approche architecturale, qui a influencé l'identité architecturale contemporaine de la ville.

Lieu : Marrakech, Maroc
Date : 20 février 2025
Heure : 16h - 18h

Khalil Morad El Ghilali : Nous avons déjà abordé ces questions ensemble, notamment autour de la technique et de son rôle en architecture, en particulier concernant l'utilisation des matériaux locaux et l'architecture de terre. Pourquoi cette rupture ? Pourquoi les formes qui nous entourent peinent-elles à séduire ? Pourquoi ce divorce entre le monde de l'art et celui de la technique semble-t-il irréversible ? Cette question de la technique me paraît centrale, tant dans votre expérience que dans la mienne. Je ne sais pas exactement ce qui nous pousse à l'aborder, mais il est certain que la technique est aussi une quête de performance.

Elie Mouyal : La technique et la recherche de performance sont en effet des axes incontournables. Je t'ai déjà expliqué que j'ai commencé mon travail d'architecte par la mécanique : concevoir une machine pour fabriquer des blocs, utiliser ces blocs pour construire des murs, puis ces murs pour faire de l'architecture. La technique est donc une étape inévitable dans le processus architectural. Mais elle influence inévitablement l'œuvre produite, parfois en l'éloignant de l'intention initiale. Il est difficile de la maîtriser pleinement. Sans s'en rendre compte, on peut être amené sur des chemins très éloignés de son idéal poétique ou social.

K.M.G. : Ce fut le point de départ de ton engagement. En ce qui concerne la terre, nous avons tous été fascinés par l'architecture traditionnelle du Maroc, notamment celle des vallées sahariennes, avec ses kasbahs, ses maisons rurales modestes, et même quelques palais. La terre évoque immédiatement une dimension poétique, une architecture qui perdure dans le temps, parfois sous forme de ruines, ce qui renforce encore son aura romantique. C'est une matière que nous écrivons, que nous façonnons. Mais très vite, la technique nous éloigne de cet espace poétique.

E.M. : Justement, dans le contexte actuel, cette mise à distance du poétique ou du romantique n'est peut-être pas négative, dans la mesure où l'objectif architectural évolue, notamment en lien avec les enjeux du changement climatique. La technique permet-elle alors d'aborder la matière de manière plus subversive, non plus sous un prisme folklorique, mais en mettant en avant ses dimensions humanistes ? J'ai parlé de poésie et de romantisme, mais mon regard est aussi celui de quelqu'un qui a exploré d'autres voies. Mon intérêt pour la terre venait également de sa pauvreté matérielle, de son extrême fragilité. Son caractère réversible est fascinant : une maison en terre peut redevenir un élément naturel, malgré sa forme initialement artificielle.

K.M.G. : Cette fragilité est au cœur du débat sur l'architecture de terre. La technique peut être tentante pour dépasser ces contraintes, mais avec le recul, je pense qu'il faut accepter cette fragilité, jouer avec elle, construire et habiter la matière sans chercher à la transformer outre mesure. C'est là qu'elle révèle toute sa pertinence, notamment en termes de réversibilité, de recyclage des matériaux et de sobriété énergétique. Moins de technique, c'est moins de consommation énergétique. Pourtant, ce discours est rarement celui que l'on attend d'un architecte ou d'un ingénieur, encore moins dans le cadre de la construction moderne.

E.M. : Si l'objectif est simplement de fournir un toit et des murs pour habiter, alors il ne faut pas chercher à aller plus loin, à construire plus haut, plus grand. Pour le logement du plus grand nombre, il est essentiel de conserver cet état d'esprit. Sinon, on s'éloigne rapidement de cette philosophie pour aboutir à des maisons destinées aux élites, comme cela a été mon cas. J'ai commencé en voulant construire comme Hassan Fathy, et le chemin m'a conduit à réaliser des maisons pour milliardaires. C'est là que la technique pose une question éthique : où placer la limite ? Cela résonne avec notre projet du pavillon du Maroc.

K.M.G. : Cette notion de palimpseste me semble essentielle pour relier le Maroc à sa tradition d'une modernité en constante évolution. Mais jusqu'où peut-on faire évoluer un matériau avant qu'il ne perde son identité ? À quel moment son usage devient-il irréversible, au point de bouleverser des structures culturelles et sociales ? L'architecte doit rester attentif à son objectif : s'il s'agit de proposer un habitat à moindre coût, alors il faut veiller à ne pas multiplier les artifices techniques et les transformations inutiles. Mais il est souvent difficile de savoir où s'arrêter.

E.M. : La tendance naturelle de l'homme moderne est d'aller toujours plus loin, d'explorer les performances au maximum. Pourtant, les maisons rurales construites avec des moyens simples ont traversé les siècles et ont rempli parfaitement leur rôle. Il faut s'inspirer de cette efficacité, du rapport entre les matériaux, l'énergie mobilisée et le résultat obtenu. Lorsque l'on parle d'habitat de masse, il est primordial de ne pas rompre cet équilibre. Bien sûr, construire en terre pour des équipements publics pose d'autres défis, mais la question du produit issu de la technique reste centrale.

K.M.G. : Justement, cette question du produit généré par la technique nous conduit à une réflexion plus large sur le modèle. Avec plus de trente ans d'expérience dans l'architecture de terre, pensez-vous que ce matériau peut encore servir de base à un modèle adapté aux réalités actuelles : modernisation, avancées technologiques, fractures socio-économiques et politiques ? Peut-il incarner une nouvelle modernité à travers la technique ?

E.M. : L'architecture en terre est aujourd'hui une mode, et il faut en tenir compte. Mais au-delà de la tendance, ce matériau est une véritable école pour un·e jeune architecte. Son humilité, sa fragilité imposent une rigueur et une maîtrise du savoir-faire, héritées de l'histoire et de l'artisanat. Transformer une matière presque liquide en une structure solide, répondant aux besoins d'habitation, est un exercice d'une grande modernité. Rien n'y est superflu, tout doit être justifié. Contrairement aux matériaux industrialisés, la terre exige une implication totale dans le processus de construction, de bout en bout. C'est là qu'elle trouve toute sa pertinence.

THE QUESTION OF TECHNIQUE / IN CONVERSATION WITH ELIE MOUYAL & KHALIL MORAD EL GHILALI

Location: Marrakech, Morocco
Date: February 20, 2025
Time: 4:00 PM – 6:00 PM

We live in a world in search of certainty, where the philosophical grounds on which Descartes wanted to build modernity seem ever more unsteady. Splits, exclusions, divisions: everything seems to be falling apart. Yet, at the heart of this turmoil, one force continues to grow and impose itself: technique. As our knowledge becomes more complex and history challenges what we have learned, technique is emerging as an unavoidable new reality, evolving at an unprecedented pace. It shapes our world, transforms our daily lives, and redefines the way we design, build, and interact. Architecture and urban planning are no exception to this dynamic, relying more than ever on sophisticated and standardized techniques. There seems to be a growing divide between technique and art, once closely intertwined, with art now striving to break free from the technicality that once nourished it.

Khalil Morad El Ghilali: We have already discussed these topics, including the role of technique in architecture, specifically in relation to the use of local materials and earthen architecture. Why this rupture? Why do we find the forms around us so hard to appreciate? Why does this separation between the worlds of art and technique seem irreversible? I think that the question of technique is central, both in your experience and in mine. I don't know exactly what motivates us to address it, but it is definitely also a quest for performance.

Elie Mouyal: Technique and the quest for performance are indeed essential priorities. I have already told you that I started my career as an architect through mechanics. I designed a machine to make blocks, then used these blocks to build walls, and with these walls, I created buildings. Technique is, therefore, an unavoidable stage in the architectural process. But it inevitably influences the work, sometimes distancing it from its original intention. It is difficult to fully master it. If we don't realize it, we can end up on paths that are very distant from poetic or societal ideals.

K.M.G: This was where your involvement began. Regarding earth, we have all been fascinated by traditional Moroccan architecture, especially that of the Saharan Valleys, with its kasbahs, humble rural houses, and even some palaces. Earth immediately conjures up a poetic dimension, an architecture that persists over time, sometimes in the form of ruins, which further reinforces its romantic appeal. It is a material that we are writing, that we are shaping. But very quickly, technique distances us from this poetic space.

E.M: Precisely, in today's context, distancing ourselves from the poetic or romantic aspects of earthen architecture may not be a bad thing, since the purpose of architecture is evolving, particularly in relation to climate change issues. Can technique then be used to address this subject in a more subversive way, no longer from a folkloric point of view, but by emphasizing its humanist dimension? I talked about poetry and romanticism, but I have also explored other perspectives. My interest in earth also stemmed from the rawness of this material, from its extreme fragility. Its reversible nature is also fascinating: a house made of earth can return to being a natural element, despite its previously artificial form.

K.M.G: This fragility is at the heart of the debate on earthen architecture. We may be tempted to use technique to overcome these constraints, but with the benefit of experience, I think we need to accept the fragility of this material, work with it, build on it, and inhabit it without trying to transform it too much. In doing so, it reveals its full relevance, particularly in terms of reversibility, recycling, and energy efficiency. Less technique means less energy consumption. Yet, one would rarely expect to hear such a statement from an architect or an engineer, especially in the context of modern construction.

E.M: If the only objective is to provide people with a place to live, then there is no need to go further, to build higher, or bigger. This state of mind must be maintained in order to house as many people as possible. Otherwise, we quickly deviate from this philosophy, leading us to create houses for the elite, just like what happened to me. When I started my career as an architect, I wanted to build like Hassan Fathy, but I ended up building houses for billionaires. This is where technique raises an ethical question: Where do we draw the line? This resonates with our Moroccan Pavilion project.

K.M.G: I find the concept of a palimpsest to be essential to connecting Morocco to its tradition of an ever-evolving modernity. But how far can we evolve a material before it loses its identity? To what extent does its use become irreversible, to the point that it disrupts cultural and social structures? The architect must remain focused on the goal: If the aim is to provide low-cost housing, then we must be careful not to multiply technical gimmicks and unnecessary changes. But it is often difficult to know where to stop.

E.M: Contemporary individuals have an innate drive to constantly surpass themselves,

striving for optimal performance. However, rural houses built with simple means have stood the test of time and perfectly served their purpose. We must look to this as an example of efficiency, examining the connection between the materials, the energy employed, and the output. When we talk about large-scale housing, preserving this balance is essential. Obviously, building with earth for public facilities presents other challenges. However, the question of the product resulting from the technique remains central.

K.M.G: *Indeed, this question of the product generated by technique brings us to broaden our reflection on the model. With more than thirty years of experience in earthen architecture, do you think that this material is still relevant to today's reality: modernization, technological progress, social, economic, and political divides? Can it embody a new modernity through technique?*

E.M: *Earthen architecture is trendy today, and that must be taken into account. But beyond this trend, this material is a great learning experience for a young architect. Its humility and fragility require rigor and skill, which are inherited from history and artisanship. Creating a solid structure from an almost liquid substance to meet housing needs is a highly modern exercise. Nothing is superfluous; everything must be well-founded. Unlike industrialized materials, earth requires total involvement in the construction process, from beginning to end. This is where it proves most relevant.*

Elie Mouyal *is a Moroccan architect who graduated from the École nationale supérieure de Paris-Belleville. Upon his return to Marrakech in 1982, before even graduating, he immersed himself in the production of raw earth materials and earthen construction, supervising up to two hundred workers and masons trained directly on site.*

In 1986, he obtained his degree after conducting research on experimental techniques and several architectural projects. For nearly forty years, he has designed and built more than fifty buildings in the Marrakech area.

His projects earned him a diverse clientele, contributing to the growth and recognition of his architectural approach, which has shaped the modern architectural identity of the city.

DE LA TERRE AU TAPIS

SOUMIYA JALAL

ARCHITECTE & ARTISTE

“

Mes créations textiles s'inscrivent essentiellement dans une démarche de préservation du patrimoine. Chaque pièce puise ses sources dans les techniques ancestrales des savoir-faire liés au fil et à l'architecture vernaculaire telle qu'elle existe dans les différents territoires du Maroc. Le respect de l'environnement, grâce à l'utilisation des matériaux naturels et le recyclage demeure une constante dans tout projet de création que j'entreprends. Chaque texture exprime le lien évident que l'homme entretient avec son habitat et son territoire.

Ma participation à travers mes œuvres à la 19e Biennale d'architecture de Venise tente d'épouser les contours de la proposition des concepteurs du projet qui accompagnent le Maroc dans sa dynamique d'innovation via un développement inédit de l'architecture de terre. L'architecture de terre, en tant que pratique ancestrale, reflète l'intelligence collective des communautés qui ont su utiliser les ressources locales pour bâtir leurs lieux de vie. Chaque construction témoigne de son environnement, de ses matériaux et de la culture qui la constitue. À ce titre, la terre devient un lien organique vivant et un vecteur de mémoire et d'identité évident. C'est pour cela que le choix des matériaux est toujours crucial dans mon approche. En intégrant des fibres issues de l'agriculture durable, telles que le chanvre ou le coton bio, je mets en évidence le cycle de vie naturel de la terre qui fut le terreau fécond qui a nourrit ces fibres. Chaque œuvre devient ainsi une empreinte de ce processus, invitant à une réflexion sur la durabilité et l'éthique dans la construction textile qui va bien au-delà de son aspect décoratif.

Le passage de la terre au tapis s'esquisse comme un voyage sensoriel, où les textures issues des fibres puisées dans l'environnement intime de l'architecture de terre se transforment en œuvres textiles uniques. Mes pièces, véritables reflets des matériaux naturels, tentent d'évoquer les surfaces brutes,gorgées de soleil et lacérées de lumières vives et crues de nos environnements traditionnels.

L'exposition textile au sein du pavillon va évoluer progressivement des tonalités neutres, terre, ocre jusqu'à exploser en couleurs vives et chatoyantes à travers la douceur des couleurs naturelles afin de plonger le visiteur au cœur de l'éclat contemporain de notre architecture...

”

Soumiya Jalal est architecte et artiste. Les textiles contemporains de Soumiya Jalal frisent brillamment le naturel. De son cursus d'architecte, elle a gardé le goût du détail et la passion pour la technique afin de construire toujours des textures qui s'inscrivent dans la modernité. Fibres végétales, animales et minérales s'inspirent d'une sensation, d'une lumière, d'un regard sur la nature. Mixés au rythme d'une partition, les accords artistiques entre matière et couleur, densité, matité ou brillance renouvellent sans cesse le défi technique du travail de la main.
Elle pratique son art à Marrakech, proche de ce patrimoine qu'elle n'a de cesse de protéger.

FROM EARTH TO CARPET /
SOUMIYA JALAL
ARCHITECT & ARTIST

“

My textile creations mainly focus on preserving cultural heritage. Each piece draws inspiration from traditional yarn-making techniques and vernacular architecture, which can be found in different regions of Morocco. Respecting the environment by using natural materials and recycling is always present in every creative project I undertake. Each texture conveys the tangible connection between people and their habitat and territory.

In the 19th Venice Architecture Biennale, my work seeks to embrace the theme of the curatorial team, who are guiding Morocco on an innovative journey toward the contemporary development of earthen architecture. As a traditional practice, earthen architecture is a manifestation of the collective knowledge of communities who use their local resources to build their living spaces. Each construction reflects its unique environment, materials, and culture. As such, the earth becomes an organic living link and a prominent vehicle of memory and identity - another reason why my choice of materials is always vital to my approach. By incorporating fibers from sustainable agriculture, such as hemp and organic cotton, I highlight the natural cycle of the earth, the soil that nourished these fibers. Each work becomes an imprint of this process and invites us to reflect on the sustainability and ethics of textile construction, transcending its decorative dimension.

The transformation from earth to carpet is a sensory journey, where the textures of fibers extracted from the intimate environment of earthen architecture are turned into unique textile works. My pieces, as reflections of natural materials, strive to evoke the rugged, sun-filled, and light-scorched surfaces of our traditional environment.

Inside the pavilion, the textile exhibition evolves from the neutral, earthy, and ocher tones, until it explodes into vibrant colors shimmering with the gentleness of natural dyes, plunging visitors into the very heart of the modern splendor of our architecture…

”

Soumiya Jalal *is a Moroccan architect and artist whose contemporary textiles radiate with striking natural beauty. From her training as an architect, she has kept a taste for detail and a passion for technique which she uses to create her modern textures. In her work, sensation, light, and a vision of nature radiate from plant, animal, and mineral fibers. Combined, like a musical score, the creative harmonies between matter and color, density, and matte or shiny surfaces continually shift, renewing the technical challenge of handcrafting.*
She practices her art in Marrakech, close to the heritage she strives to preserve.

ÉCLATS D'ARTISAN·E·S

HATIM HAM

ARTISTE VISUEL

“

L'élément au centre de l'installation est un hologramme projeté au-dessus d'un tapis de terre. Cet hologramme anime la construction d'un mur en matériaux locaux par un·e artisan·e marocain·e, filmé·e au Maroc, offrant une démonstration vivante des techniques et du savoir-faire ancestral. Cette projection vient transporter la construction marocaine au cœur de Venise, pour permettre aux visiteurs et visiteuses d'assister à une reconstitution fidèle de ce processus, renforçant le lien entre le passé et le futur, entre le Maroc et le monde.

Elle représente ainsi une métaphore cynique du devenir de ces techniques. Un alter ego du visiteur, qui, face à un être digital, se poserait des questions relatives au destin de la technologie et de l'Homme.

Une mémoire d'un futur passé ? Ou d'un futur possible ?

La bande sonore est une composition qu'on qualifie dans notre jargon sous le nom de « musique concrète ». J'ai exploré différentes captations sonores de méthodes traditionnelles de construction utilisant la pierre et d'autres matériaux. Inspiré par le travail de John Cage, j'ai construit une rythmique unique, en jouant sur la tension créée par les frappes de marteau. Le rythme naturel de ces sons évoque une forme de musicalité microtonale brute. À cela s'ajoute l'intégration des sons de machines, que j'ai transformés en une sorte de synthétiseur organique. Ces sons m'ont permis de composer des accords, créant un fond sonore harmonieux, tout en préservant le bruit mécanique en arrière-plan. Le mélange de ces éléments crée une tension entre l'humain et la machine, l'ancien et le moderne.

”

Hatim Ham est un artiste visuel marocain, designer d'intérieur et enseignant. Il a été formé au design d'intérieur à l'Académie des beaux-arts de Bruxelles, où il a collaboré avec divers bureaux d'architecture réputés, tels que NOUS SPRL et TERLINDEN. Passionné par la photographie et le cinéma, il a également étudié au SAE Institute Technology Belgium, où il a ensuite occupé le poste de superviseur et professeur en production et post-production, puis celui de directeur du département Film & Animation. Il a aussi formé des équipes audiovisuelles pour des institutions et entreprises : la Commission européenne, BE TV et SWORD, entre autres. En Suisse, il a travaillé dans la publicité horlogère à Genève, dans le film documentaire et les technologies liées à la 3D à Montreux. Au Maroc, Hatim Ham a fondé et dirigé artistiquement OZORA PROD. Il a été également professeur à la faculté d'architecture Euromed et dans le cycle supérieur à l'ESDAV (École supérieure de design et des arts visuels), au collège LaSalle et à ART'COM SUP.

ARTISAN’S SPARKS /
HATIM HAM
VISUAL ARTIST

“

At the center of the installation is a hologram projected above an earthen carpet, depicting two Moroccan artisans constructing a wall with local materials. Filmed in Morocco, it provides a living demonstration of ancestral techniques and know-how. This projection will bring Moroccan architectural heritage to the heart of Venice, allowing visitors to witness a faithful re-enactment of this process, thus strengthening the connection between past and future, between Morocco and the rest of the world.

In addition, it also serves as a cynical metaphor for the future of these techniques, as one might wonder, when encountering this digital being, about the fate of technology and humankind.
Is it a memory of the past or the possible future?

The soundtrack, a composition defined loosely as “musique concrète,” is a place where various sound recordings of traditional building methods, using stone and other materials, are explored. Inspired by John Cage’s work, a unique rhythmic pattern developed, playing on the tension created by the hammer blows. Their natural beat conjures up a kind of raw microtonal musicality. Then integrated machine sounds come in, transforming into a kind of organic synthesizer. These sounds helped to compose chords that create a harmonious acoustic backdrop, while preserving the mechanical noise behind them. Finally, mixing these elements together creates a tension between the human and the machine, the ancient and the modern.

”

Hatim Ham *is a Moroccan visual artist, interior designer, and professor. He studied interior design at the Academy of Fine Arts in Brussels, working with various well-known architecture firms, including NOUS SPRL and TERLINDEN. Passionate about photography and cinema, he also studied at the SAE Institute Technology Belgium, where he became a supervisor and teacher in production and post-production, and then the director of the Film & Animation Department. He has also trained audiovisual teams for institutions and companies, such as the European Commission, BE TV, and SWORD. While in Switzerland, he worked in advertising in Geneva and in documentary film and 3D technologies in Montreux.*
Hatim Ham founded OZORA PROD in Morocco, where he currently holds the position of artistic director. He has also been a lecturer at the Euromed University of Architecture and the ESDAV (School of Design and Visual Arts) advanced course, at Collège LaSalle and at ART’COM SUP in Morocco.

GLOSSAIRE DES OUTILS

TOOLS GLOSSARY

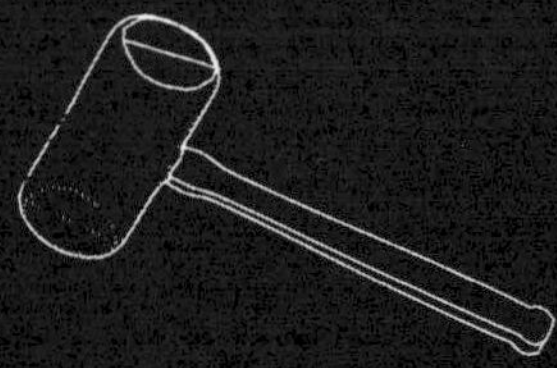

ⵉⴳⵉⵍⵎ [***Igilm***, *n.m. en tamazight*]
Massette [*n.f. en français*]

◆ Outil en bois et à tête métallique plate et de section circulaire, capable de casser la matière en percutant le burin. La massette peut également servir seule, pour aplanir la matière.

Sledgehammer
[noun in English]

◆ *A wooden tool with a flat metal head and a circular shape, used to break raw materials by striking the chisel. It can also be used alone to flatten the raw material.*

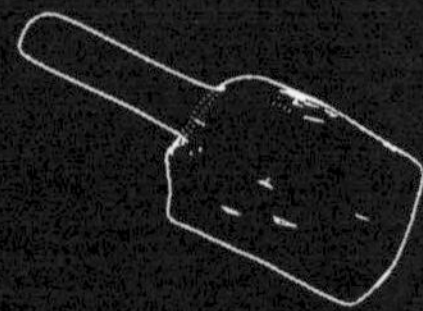

ⵜⴰⵙⴽⴽⵯⵎⵜ
[***Taskkumt***, *n.f. en tamazight*]
Batte [*n.f. en français*]

◆ Objet en bois, dont la face plate est utilisée pour compacter et lisser une surface en terre, la rendant plus dure et étanche. Il permet d'améliorer la résistance et la durabilité du revêtement, mais aussi de colmater les malfaçons dues au décoffrage.

Bat
[noun in English]

◆ *A wooden object that has a flat side which is used to compact and even out an earthen surface, making it harder and more water-resistant. It helps improve the strength and longevity of the coating, as well as patching defects caused by formwork removal.*

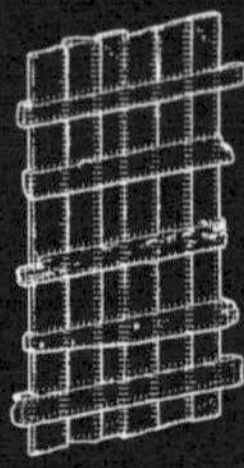

ⵜⵉⴼⵍⵓⵜ [***Tiflut***, *n.f en tamazight*]
Closoir [*n.m. en français*]

◆ Planches en bois qui ferment le coffrage du mur en pisé sur ses côtés latéraux.

Closure panel
[noun in English]

◆ *Wooden board that closes the formwork of the rammed earth wall on its lengthwise sides.*

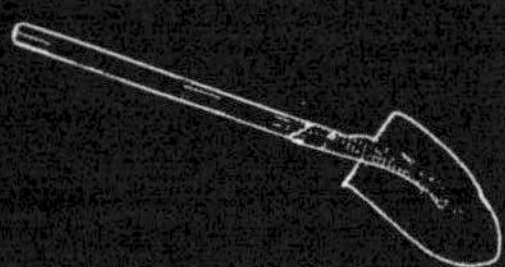

ⵜⴰⴳⵍⵓⵜ
[***Taglout***, *n.f. en tamazight*]
Pelle [*n.f. en français*]

◆ Composée d'une tête métallique et d'un manche en bois, elle sert à transporter la terre dans les paniers en osier.

Shovel
[noun in English]

◆ *Consisting of a metal scoop with a wooden handle, used to move earth into wicker baskets.*

ⵉⵎⴳⴷⵉ
[***Imgdi***, *n.m. en tamazight*]
Burin [*n.m. en français*]

◆ Petit instrument métallique utilisé pour casser la matière à l'aide d'une masse.

Chisel
[noun in English]

◆ *A small metal tool used with a sledgehammer to break raw material.*

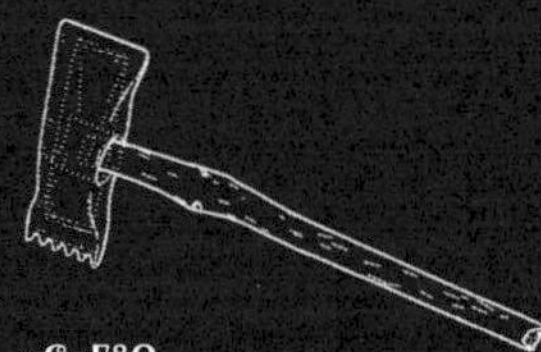

ⴰⵛⴰⴽⵓⵔ
[***Achakor***, *n.m. en tamazight*]
Boucharde [*n.f. en français*]

◆ Marteau dont la tête métallique est plate d'un côté, et dentée de l'autre, servant à tailler la pierre.

Bush hammer
[noun in English]

◆ *A hammer with a metal head that is flat on one side and cogged on the other, which is used to carve stone.*

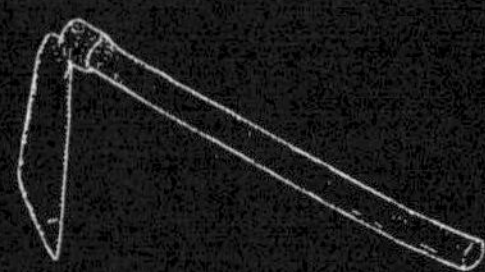

ⴰⵎⴰⴷⵉⵔ
[***Amadir***, *n.m. en tamazight*]
Houe [*n.f. en français*]

◆ Outil à tête métallique plate ou pointue, utilisé pour répartir la terre en petits tas dans le coffrage.

Hoe
[noun in English]

◆ *A tool with a flat or pointed metal head used to form earth into small piles in the formwork.*

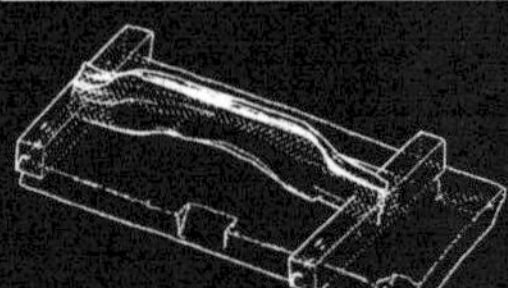

ⴰⴼⵔⴷⴰⵙ
[***Afrdas***, *n.m. en tamazight*]
Taloche [*n.f. en français*]

◆ Petite planche en bois plane, utilisée pour porter la matière de revêtement à étaler. Elle sert également à la finition en lissant la matière sur une surface.

Hawk
[noun in English]

◆ *A small, flat wooden board used to carry the coating material to be spread. It is also used for finishing by smoothing the material on a surface.*

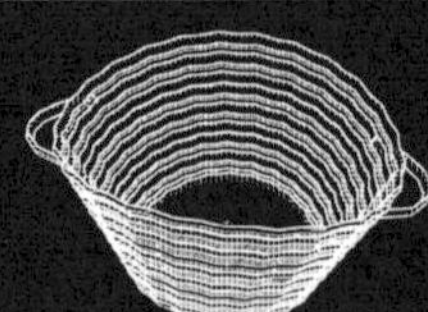

ⵜⴰⵣⴳⴰⵡⵜ
[***Tazgawt***, *n.f. en tamazight*]
Panier [*n.m. en français*]

◆ Vannerie sous forme de contenant à fond plat et à deux anses. Tressé avec des pousses d'osier, il permet de porter la matière jusqu'aux banches.

Basket
[noun in English]

◆ *A flat-bottomed woven container with two handles. Woven from wicker shoots, it is used to carry the material to the shuttering panels.*

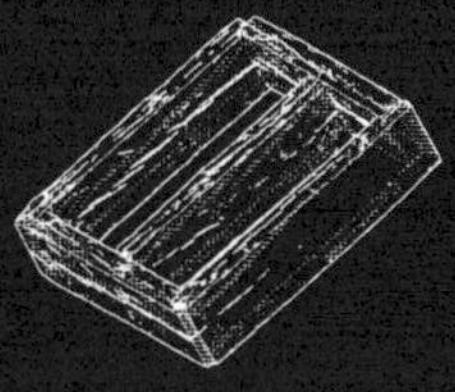

ⴰⵙⵖⵔⴼ
[***Asghrf***, *n.m. en tamazight*]
Moule [*n.m. en français*]

◆ Objet en bois de forme généralement parallélépipédique dans lequel l'argile est moulée pour former des blocs de terre crue. Il peut exister sous différentes formes, et en différents types selon le nombre de blocs à produire.

Mold
[noun in English]

◆ *A wooden object, typically in the shape of a parallelepiped, in which clay is molded to form blocks of raw earth. It comes in many different forms and types, depending on the number of blocks to be produced.*

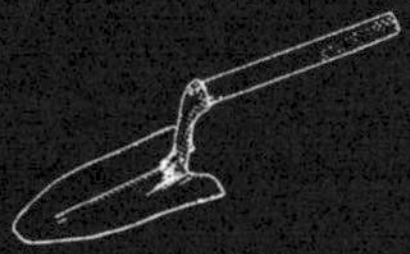

ⵜⴰⵙⵎⵙⵍⵜ
[***Tasmslt***, *n.f. en tamazight*]
Truelle [*n.f. en français*]

◆ Objet métallique avec lequel le revêtement est étalé. Il peut être plat comme biseauté selon l'exigence en précision.

Trowel
[noun in English]

◆ *A metal tool used to spread the coating. It can be flat or beveled, according to the degree of precision needed.*

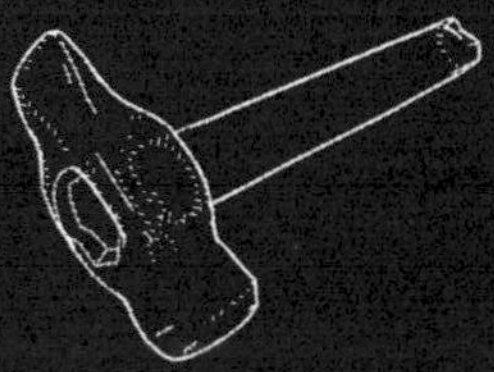

ⵜⴰⵙⵙⵎⵎⴰⵔⵜ
[Tassmmart, *n.f. en tamazight*]
Marteau [*n.m. en français*]

◆ Objet à tête métallique, de forme plate d'un côté, et pointue de l'autre. Cette dernière permet de percuter la matière avec plus de précision, contrairement à la massette.

Hammer
[noun in English]

◆ *An object with a metal head, flat on one side and pointed on the other. The pointed head, unlike the sledgehammer, enables the raw material to be impacted with greater precision.*

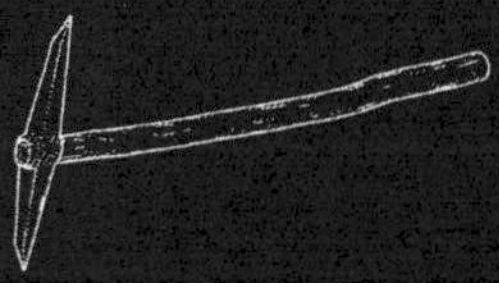

ⵜⴰⴳⵍⵣⵣⵉⵎⵜ
[***Taglzzimt***, *n.f. en tamazight*]
Pic [*n.f. en français*]

◆ Composé d'un manche en bois et d'une tête métallique pointue des deux côtés, il sert à creuser la terre.

Pick
[noun in English]

◆ *Consisting of a wooden handle and a metal head pointed on both sides, it is used for excavating soil.*

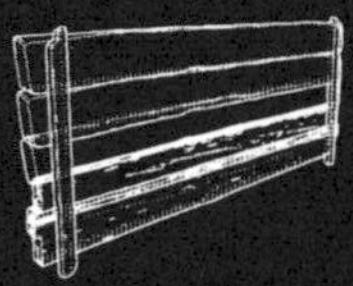

ⵉⴼⵍⵓ [***Iflu***, *n.m. en tamazight*]
Banche [*n.f. en français*]

◆ Planches en bois qui ferment le coffrage du mur en pisé sur ses côtés longitudinaux.

Shuttering panel
[noun in English]

◆ *Wooden planks that close the formwork of the adobe wall on its longitudinal sides.*

ⴰⵙⴷⴷⵙ
[***Asdds***, *n.m. en tamazight*]
Pisoir [*n.m. en français*]

◆ Outil à tête en bois ou en métal, servant au compactage de la terre dans son coffrage. Au Maroc, il en existe trois variétés, chacune répondant à un besoin spécifique, se distinguant au niveau de la tête. Celle-ci peut être de section circulaire pour compacter le milieu de la banche, comme elle peut être rectangulaire pour compacter les angles. Le pisoir peut également servir de poinçonneur si sa tête est pointue.

Rammer
[noun in English]

◆ *A tool with a wooden or metal head, used to compact earth in its formwork. In Morocco, there are three different kinds of rammer, each designed to meet a specific need, and each with a different type of head. The head can be round to compact the middle of the shuttering panel, or rectangular to compact its angles. If its head is pointed, the rammer can also be used as a punching tool.*

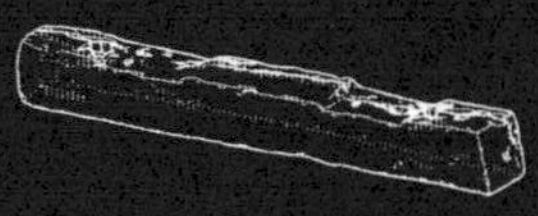

ⵛⴽⴰⵍ [***Chkal***, *n.m. en tamazight*]
Clé [*n.f. en français*]

◆ Bâtons de bois qui tiennent le coffrage du pisé à sa base et relient les tiges sur ses côtés. Ils permettent de garder la même épaisseur le long de la banche.

Key
[noun in English]

◆ *Wooden stick that holds the rammed earth formwork at its base and connects the rods on its sides. They ensure that the same thickness is maintained along the length of the shuttering panel.*

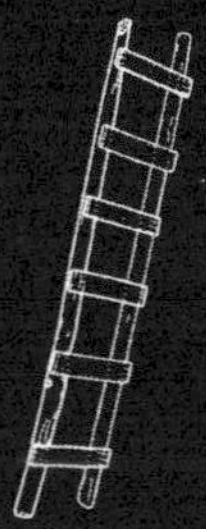

ⵜⴰⵙⴽⴰⵍⴰ
[***Taskala***, *n.m. en tamazight*]
Échelle [*n.f. en français*]

◆ Objet en bois nécessaire lorsque la construction en pisé atteint en hauteur trois séries de banches.

Formwork ladder
[noun in English]

◆ *A wooden object used when the height of a rammed earth construction reaches a series of three shuttering panels.*

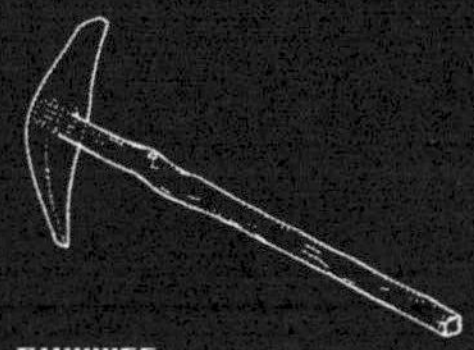

ⴰⴳⵍⵣⵣⵉⵎ
[***Aglzzim***, *n.m .en tamazight*]
Pioche [*n.f. en français*]

◆ Outil à tête métallique pointue d'un côté et plate de l'autre, utilisé pour creuser la terre et la retourner.

Pickaxe
[noun in English]

◆ *A tool with a metal head that has a sharp point on one end, and a flat edge on the other, used for digging and turning over soil.*

COLONNES VIVANTES

VISITES À L'ATELIER D'OUSSAMA MOUKMIR

Deux procédés de construction et une vingtaine de méthodes utilisant les ressources locales ont été sélectionnées pour façonner soixante-douze colonnes que nous avons décidé d'acheminer dans leurs coffrages jusqu'à Venise.
Les colonnes présentent une synthèse créative et opérationnelle des techniques multiséculaires marocaines par les mains du maalem Oussama Moukmir, désigné patrimoine culturel humain au Maroc.

Entrepreneur marrakchi et fondateur de *Coopérative Belarej*, une société spécialisée dans la construction et la restauration de bâtiments en terre et en pierre au Maroc, il s'est positionné en tant que pionnier dans le domaine de la construction écologique, contribuant ainsi à promouvoir des pratiques de construction respectueuses de l'environnement et adaptées aux spécificités climatiques de la région.

SMART
SMART-GLUE
D2

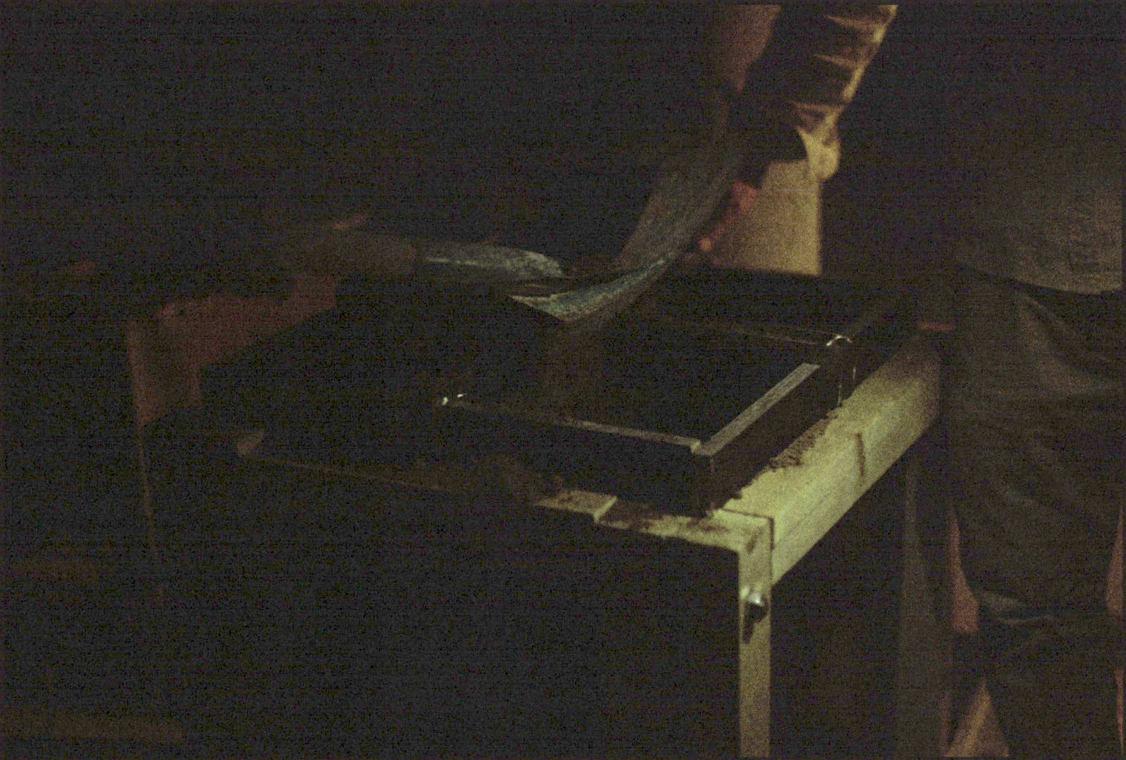

LIVING COLUMNS /

VISITS TO OUSSAMA MOUKMIR'S WORKSHOP

Two construction processes and about twenty methods using local resources were selected to shape 72 columns that we decided to transport in their formwork to Venice.
It presents a creative and operational synthesis of Moroccan multisecular techniques from the hands of the master artisan Oussama Moukmir, who was designated as living part of Moroccan cultural heritage.

Marrakchi entrepreneur and founder of Belarej Cooperative, *a company specialized in the construction and restoration of buildings in earth and stone in Morocco, he has positioned himself as a pioneer in the field of ecological construction, contributing to the promotion of environmentally friendly construction practices adapted to the climate of the region.*

CINQ QUESTIONS À RONALD RAEL

CONVERSATION ENTRE

RONALD RAEL & EL MEHDI BELYASMINE

Ronald Rael est un architecte et un professeur réputé pour son approche originale de l'architecture qui englobe les aspects culturels, historiques et environnementaux. Professeur d'architecture à l'université de Californie à Berkeley, il enseigne la conception, les questions sociales et les matériaux. Ses recherches portent principalement sur la relation entre l'architecture et les frontières, notamment le long de la frontière entre les États-Unis et le Mexique.

Ronald Rael nourrit un vif intérêt pour la question des matériaux et de leur influence sur la construction. Son travail explore leur dimension culturelle, environnementale et sociale, en conjuguant souvent méthodes traditionnelles et technologies de pointe. Il étudie notamment la manière dont les matériaux peuvent véhiculer du sens et refléter une identité, une histoire et un contexte géographique. Il a exploré une variété de matériaux, allant de la terre aux techniques de fabrication numérique avancées, pour développer des conceptions durables et culturellement pertinentes. Parmi ses projets notables figure l'adobe imprimé en 3D, qui réinterprète des matériaux traditionnels à l'aide de la robotique. Ses recherches se concentrent sur la manière dont les matériaux peuvent répondre à des besoins à la fois pratiques et sociaux, en favorisant les échanges sur la durabilité et le changement social. À travers ses projets, Ronald Rael explore les thèmes de l'identité, de la migration et des frontières géopolitiques, soulignant la capacité de l'architecture à façonner à la fois des espaces physiques et des transformations sociétales.

El Mehdi Belyasmine : Tout d'abord, parlons de votre profession d'architecte et de constructeur traditionnel qui trouve ses origines dans un milieu d'éleveurs sur plusieurs générations tout en étant animée par une démarche scientifique. Dans vos projets, la dimension artistique est souvent aussi importante que la dimension architecturale. Comment arrivez-vous à trouver un équilibre pour que votre travail soit à la fois une œuvre d'art et une architecture imprégnée de sens ?

Ronald Rael : Eh bien, j'ignore s'il existe un moyen de garantir cet équilibre, mais il revient au concepteur de créer des œuvres à la fois intéressantes, belles et significatives. Parfois, ce n'est pas complètement réalisable, mais cela reste l'objectif.

Une manière de créer du sens est d'ancrer la conception dans une question importante, un contexte ou une histoire. La conception ne doit pas être le fruit de caprices esthétiques. Elle doit reposer sur une compréhension profonde d'un lieu ou résulter d'une réflexion critique sur certaines questions. Cet ancrage lui donne toute sa signification. Dans le même temps, la dimension esthétique est importante. La beauté est subjective, mais pour moi, le sens et le travail artisanal créent intrinsèquement de la beauté. Un projet bien conçu est naturellement beau et innovant.

E.M.B. : Vous adoptez des pratiques durables, en intégrant des techniques de construction en terre qui sont à la fois respectueuses de l'environnement et profondément liées aux communautés qui les connaissent. Pour vous, les matériaux terre sont porteurs d'une valeur culturelle profonde, car ils préservent le patrimoine et les connaissances locales. La boue en est un excellent exemple. En tant que pionnier de l'exploration de technologies de pointe comme l'impression robotisée, pensez-vous que la construction en terre puisse conserver sa signification culturelle et artistique face à ces technologies ?

R.R. : C'est une bonne question. J'ai beaucoup réfléchi dernièrement à la différence entre la construction alternative ou les matériaux alternatifs et les pratiques traditionnelles. Lorsque je présente mon travail, on me pose souvent des questions sur les constructions en paille, en pneu ou en adobe, en associant la terre à ces matériaux alternatifs. Cela me laisse perplexe : pourquoi la terre est-elle considérée comme un matériau de construction alternatif ?

Date : 11 mars 2025
Marrakech, Maroc, 19 h 36
Austin, Texas, USA, 14 h 36

La terre n'a rien d'un matériau alternatif; c'est un matériau de base dans la construction depuis des milliers d'années. À l'inverse, des matériaux comme les pneus ou les bottes de paille sont des déchets industriels et agricoles et constituent des solutions à court terme, qui ne peuvent être considérées comme durables, alors que la construction en terre a une histoire ancienne et cohérente, et est une pratique patrimoniale essentielle.

Que la terre soit appliquée à la main, avec une pelle ou par un robot, la technologie fondamentale des matériaux reste la même. Elle repose sur un savant équilibre de sable, d'argile et de limon, séché à une certaine température pendant une durée donnée. Cette technologie repose aussi sur l'utilisation de matières organiques comme la paille, le fumier de cheval ou le mucilage de cactus. Ces techniques ont été perfectionnées au cours des millénaires.

Les robots ne changent pas plus la donne que l'invention du gant qui a permis de garder les mains propres en travaillant la boue. Cela dit, la robotique offre de nouvelles possibilités que nous ne pourrions pas réaliser manuellement. Un robot peut disposer la terre de manière à créer de nouvelles formes, textures et motifs, à prévenir l'érosion, à améliorer l'isolation, et bien d'autres choses encore. Tout comme les inventions du passé, comme le compactage de la terre avec un pisoir, qui a donné naissance à la construction en pisé, ou l'application de boue sur du bambou tressé, l'utilisation d'un robot dans la construction de pointe n'est qu'une innovation parmi d'autres.

Je ne pense pas que les robots remplaceront notre rapport culturel à la terre, mais qu'ils auront au contraire la capacité de le sauvegarder. La plupart d'entre nous avons perdu ce lien à la terre dans nos maisons. Cependant, ce n'est pas parce que ce lien est coupé que nous devons perdre notre connexion architecturale. Pendant des millénaires, les humains ont façonné l'argile à la main, et je pense que les robots ne feront que faciliter le lien culturel avec un matériau dont nous nous éloignons de plus en plus.

E.M.B. : Depuis des années, vous plaidez en faveur d'une conception responsable d'un point de vue social et environnemental, et utilisez l'architecture pour répondre à des problématiques urgentes, comme le changement climatique, les inégalités sociales et le déplacement culturel. Quels sont les enjeux de justice sociale et environnementale soulevés par l'utilisation de la robotique dans la construction en terre? Comment ces technologies peuvent-elles renforcer l'autonomie des communautés tout en redynamisant des pratiques de construction traditionnelles et ancestrales?

R.R. : Un des problèmes majeurs est le changement climatique. À l'heure actuelle, 99 % des fabricants d'additifs utilisent des produits à base de ciment, qui sont parmi les plus gros émetteurs de CO_2 de la planète. Alors, pourquoi penser que la fabrication robotisée représenterait un progrès si elle utilise des matériaux nocifs pour la planète? Je trouve ça franchement rétrograde. Utiliser la construction en terre permet donc de remédier à ce problème.

Dans un projet que j'ai réalisé récemment, Adobe Oasis, notre robot fonctionnait à l'énergie solaire et nous avions pour matériaux de la terre et de l'eau. Ces ressources sont les matériaux de construction de l'avenir. Le jour où nous avons démarré notre projet, des incendies se sont déclarés à Los Angeles, nous rappelant avec force l'impact du changement climatique. La plupart des bâtiments de Los Angeles sont inflammables, alors que les structures les plus anciennes de Californie et d'ailleurs sont construites en terre et sont ignifuges.

Il est étrangement paradoxal d'identifier les matériaux de construction les plus durables et les plus résistants à l'heure du changement climatique. Quels sont les matériaux qui provoquent ces incendies? Quels matériaux ne contribuent pas aux émissions de CO_2?

Il me paraît indispensable de repenser et de réimaginer l'utilisation

de la terre dans la construction au XXIe siècle. Un grand nombre des matériaux utilisés aujourd'hui sont extrêmement toxiques, non seulement pour la planète, les sols et l'eau, mais aussi pour notre organisme.

Voilà comment nous pouvons renforcer les communautés, la communauté mondiale : en redynamisant des pratiques de construction traditionnelles et durables.

E.M.B. : Votre dernier projet, Adobe Oasis, a-t-il été conçu comme une application de ces principes?

R.R. : Je ne le vois pas nécessairement comme une métaphore. Pour moi, l'art est un moyen de promouvoir l'innovation et d'exprimer des idées. Il permet d'explorer comment la technologie peut influencer la construction dans un futur proche, non pas comme une perspective lointaine ou hypothétique, mais comme une démarche réalisable et prometteuse.

Le projet Adobe Oasis se caractérise par des murs très épais et des angles saillants, que j'évite en général en leur préférant les formes arrondies qui résistent mieux aux fissures et sont plus structurantes. Mais ici, j'ai voulu tester les limites structurelles, les points faibles et les contraintes liées aux mouvements du robot. J'ai voulu explorer la construction des escaliers, la hauteur maximale que l'on peut atteindre et voir comment façonner différents espaces. Il s'agissait aussi de montrer que construire avec les ressources locales disponibles est une approche légitime.

Il y a aussi un élément poétique, dans la façon dont la lumière, l'ombre et la texture interagissent. Mais au final, avec Adobe Oasis, l'art devient une plateforme de recherche et d'innovation. Le secteur de la construction est frileux et hésite à financer de nouvelles méthodes, surtout lorsque celles-ci viennent bousculer ou remplacer les pratiques de construction existantes. L'art, au contraire, valorise l'expérimentation, l'esthétique et la prise de risque. Dans le monde de l'art, ces approches sont appréciées, alors que, dans le secteur de la construction, elles ont tendance à être dépréciées parce qu'elles ne correspondent pas à la norme. En associant la robotique au matériau terre, le secteur de la construction peut atteindre ses objectifs d'efficacité et d'accessibilité financière.

E.M.B. : Pensez-vous que la construction robotisée puisse être utilisée au Maroc, où le savoir-faire traditionnel et les techniques manuelles sont profondément valorisés?

R.R. : Bien sûr. L'artisanat est valorisé partout dans le monde. Il faut voir les robots non pas comme des remplaçants, mais comme des collaborateurs et des instruments, tout comme la construction en pisé nécessite l'utilisation de coffrages et d'outils pour le damage.

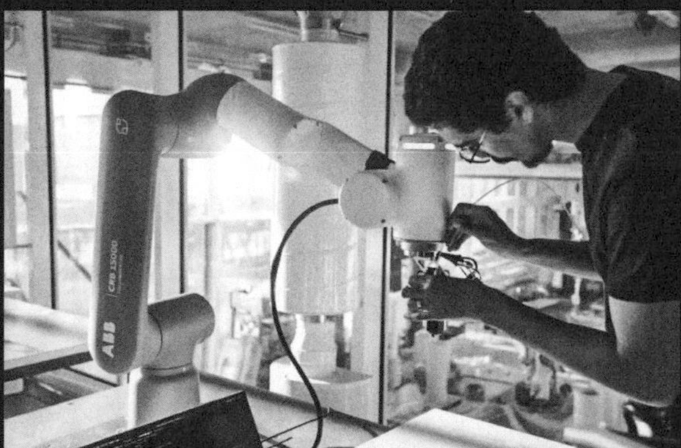

On a toujours tendance à humaniser les robots, à leur donner des caractéristiques humaines, mais ils n'ont pas d'intelligence propre, nous programmons chacun de leurs mouvements. Je m'intéresse néanmoins à l'intelligence artificielle qui pourrait contribuer à optimiser la construction, à automatiser des tâches de suivi fastidieuses et à améliorer l'efficacité. Mais le principe reste le même : les robots ne remplacent pas les savoir-faire traditionnels, ils en élargissent les possibilités.

FIVE QUESTIONS FOR RONALD RAEL / IN CONVERSATION WITH RONALD RAEL & EL MEHDI BELYASMINE

El Mehdi Belyasmine : *Let's begin by portraying your role as an architect and traditional builder with deep roots as a multi-generational rancher, guided by a scientific approach. In your projects, artistic elements are often as prominent as architectural ones. How do you strike a balance to ensure your work functions both as an aesthetic piece and as meaningful architecture?*

Ronald Rael : *Well, I don't know if there's a way to guarantee that balance, but it is the designer's responsibility to create work that is interesting, beautiful, and meaningful. Sometimes that's not fully achievable, but it remains the goal.*

One way to create meaning is by rooting the design in an important issue, context, or history. Design shouldn't be based on aesthetic whims – it should be grounded in a deep understanding of a place or a critical reflection on issues. That grounding gives it significance. At the same time, the aesthetic component matters. Beauty is subjective, but for me, meaning and craftsmanship inherently create beauty. A well-designed project is naturally beautiful and innovative.

E.M.B. : *You are committed to sustainable practices, integrating earthen construction techniques that are both ecologically responsible and deeply connected to communities familiar with them. For you, earth-based materials hold significant cultural value, preserving heritage and local knowledge, with mud being a prime example. As a leading figure exploring cutting-edge technologies like robotic printing, does earthen construction maintain its cultural and artistic significance in the face of these technologies?*

R.R. : *That's a good question. Lately, I've been thinking a lot about the difference between alternative construction or alternative materials and heritage practices. When I present my work, people often ask about straw bale construction, buildings made with tires, or adobe, linking earth to alternative materials. I'm confused by that question, why is earth considered an alternative building material?*

Because earth is not an alternative material – it has been a primary building resource for ten thousand years. In contrast, materials like tires or straw bales originate from industrial waste and are short-term solutions. We couldn't maintain that as a sustainable building practice, whereas earthen construction has an old and consistent history, making it a vital heritage practice.

Whether earth is applied by hand, shovel, or robot, the fundamental material technology remains the same. It involves the right balance of sand, clay, and silt, drying at a certain temperature over a specific amount of time. It also includes the introduction of some organic materials like straw, horse manure, or cactus mucilage. These techniques have been perfected over millennia.

The introduction of the robot is no more transformative than the invention of the glove that kept hands clean while working with mud. That said, robotic technology offers new possibilities that we could not achieve with our hands. It can deposit earth in ways that create shapes, textures, and patterns, prevent erosion, enhance insulation, and much more. Just as past innovations – like compacting earth with a mallet, which led to rammed earth construction, or applying mud to woven bamboo – advanced construction, using a robot is just another innovation.

I don't think it displaces our cultural relationship to the earth; rather, it has the ability to preserve it. Most of us don't have this connection to earth in our homes. However, just because we've become disconnected from this relationship doesn't mean we should lose our architectural connection either. For millennia, humans have been mushing clay by hand, and I believe the robot will simply facilitate a cultural connection to a material we're rapidly distancing ourselves from.

E.M.B. : *For years, you have advocated for socially and environmentally responsible design, using architecture to address urgent issues like climate change, social inequity, and cultural displacement. What social and environmental justice considerations arise from using robotic technology in earthen construction, and how can these technologies empower communities while revitalizing traditional and ancestral building practices?*

R.R. : *One major issue is climate change. Currently, 99% of additive manufacturing companies use cement-based products, which are among the largest contributors to CO_2 emissions on the planet. Why would we think that robotic manufacturing is advanced? Why would we call it advanced if it's using a material that's detrimental to the ecology of the planet? That seems really backward to me. So using earthen construction actually begins to repair that issue.*

In a recent project I completed, Adobe Oasis, we ran the robot on solar energy and built using earth and water, these resources are the construction materials of the future. On the day we started, wildfires broke out in Los Angeles, a severe reminder of climate change's impact. Most buildings in Los Angeles are flammable, while the oldest structures in California and beyond are made of earth and are fireproof.

There's a strange paradox in recognizing which building materials are the most long-term and resilient in a time of climate change. What materials are causing fires? What materials don't contribute to carbon dioxide emissions?

It seems fundamental to me that we rethink and reimagine the use of earth in twenty-first-

century construction. Many of the materials currently used are extremely toxic - not only toxifying the planet, land, and water, but also our bodies.

This is how we can empower communities - how we can empower the global community - by revitalizing traditional and sustainable building practices.

***E.M.B. :** Was your latest project, Adobe Oasis, designed as a demonstration of these principles?*

***R.R. :** I don't necessarily see it as a metaphor, I consider art a vehicle for funding innovation and expressing ideas. It explores how technology can shape construction in the near future, not as something distant or speculative, but as an immediate, viable approach.*

The Adobe Oasis project has very thick walls and sharp angles, which I usually avoid in favor of rounded forms that resist cracking and are more structural. But here, I wanted to test structural limits, failure points, and robotic movement constraints, to explore how to make stairs, maximize reach, and shape different spaces. It's also meant to be a demonstration piece to show people that constructing with available local resources is a legitimate approach.

There's also a poetic element, how light, shade, and texture interact. But ultimately, Adobe Oasis is about art as a platform for research and innovation. The construction industry is conservative and hesitant to finance novel methods, especially those that disrupt or displace existing construction practices. In contrast, art values experimentation, aesthetics, and risk-taking. There is value in the art world for this kind of work, whereas in the construction industry, it tends to be devalued as outside the norm. Combining robotics with earth can meet the construction industry's goals of efficiency and affordability.

***E.M.B. :** Do you think robotic construction can be implemented in Morocco, where traditional craftsmanship and manual techniques are deeply valued?*

***R.R. :** Absolutely. Craftsmanship is valued everywhere, but robots should be seen as collaborators and tools rather than replacements, just as rammed earth buildings rely on formwork and tamping tools.*

There's a historical tendency to humanize robots and give them human attributes, but they have no intelligence of their own, we program their every move. However, I am interested in artificial intelligence that could help optimize construction, automate tedious monitoring tasks, and improve efficiency. But the essence remains the same: robots don't replace traditional knowledge; they extend its possibilities.

Date: March 11, 2025
Marrakech, Morocco, 7:36 PM
Austin, Texas, USA, 2:36 PM

***Ronald Rael** is an architect and professor known for his distinctive approach to architecture that incorporates culture, history, and the environment. He is an architecture professor at the University of California, Berkeley, where he teaches about design, social issues, and materiality. His work usually addresses the relationship between architecture and borders, particularly along the U.S.-Mexico border.*

Rael has a keen interest in materiality and its influence on building. His work explores the cultural, environmental, and social dimensions of materials, frequently combining traditional methods with cutting-edge technologies. He is mainly interested in how materials can express meaning and reflect identity, history, and geographical context. He has experimented with various materials, from mud to advanced digital fabrication techniques, to develop sustainable and culturally relevant designs. One notable project includes 3D-printed adobe, which reinterprets traditional materials using robotics. His work emphasizes how materials can address both practical and social concerns, fostering conversations about environmental sustainability and social change. Through his design, Rael explores themes of identity, migration, and geopolitical boundaries, highlighting architecture's potential to shape both physical spaces and societal transformations.

LA VALLÉE

FAYÇAL TIAÏBA
ARCHITECTE & PHOTOGRAPHE

“

Durant le printemps 2023, j’ai parcouru la vallée de l’oued N’Fiss à plusieurs reprises. Mon point d’entrée était invariablement le village de Ouirguane, et le but de ces traversées était de comprendre les typologies de bâti et d’établissement humain dans cette région. J’ai toujours considéré que l’architecture, et le bâti plus globalement, étaient le résultat lent et réfléchi d’une intelligence collective, la rencontre intime et parfois tumultueuse entre un peuple et un territoire. C’est profondément vrai dans cette vallée où j’ai senti la profondeur d’une histoire, d’une culture, d’un savoir-faire patiemment acquis. Les villages de terre crue s’accrochent aux flancs des collines et des montagnes, en osmose avec leur environnement. On peut lire les traces délicates de la présence humaine, les champs cultivés, en terrasse ou au bord de la rivière, les cubes de pisé s’imbriquant les uns aux autres, les vestiges monumentaux.

Façonnée par l’oued N’Fiss, un cours d’eau qui prend sa source dans le Haut Atlas, sur le flanc occidental du djebel Tichka, cette vallée traverse le pays goundafa, une tribu berbère dont les anciennes kasbahs dominent son cours en amont de Ouirgane. Certaines, comme Tagoundaft, ont presque disparu, comme si elles avaient fondu au soleil, quand d’autres, comme Talaat N’Yaaqoub, continuent de se dresser fièrement, bien que abandonnées. Quelques images de leur splendeur passée persistent dans les photos d’Henri Terrasse, les dessins de Théophile-Jean Delaye ou les peintures de Jacques Majorelle, témoignages des débuts de l’occupation coloniale. Sur ce territoire se trouvent les ruines de Tinmel, fief de la dynastie des Almohades. C’est aussi sur ce territoire que l’on situe l’épicentre du terrible séisme d’Al Haouz en 2023.

Ces photographies ont été prises quelques mois avant la catastrophe. Mes recherches s’étaient transformées en une quête visuelle, la captation d’un moment suspendu dans une vallée merveilleuse, difficile d’accès et qui conservait précieusement les marques du passé. Je voulais saisir la fragilité des lieux et ce miracle permanent. Conscient de l’avancée inexorable d’une prétendue modernité, je tentais de lutter contre l’oubli à venir, de documenter ce paysage, de laisser à voir et à comprendre ce qu’il pouvait nous enseigner à nous qui souhaitions apprendre. J’ignorais alors que l’adversaire serait plus féroce, plus vif, plus impitoyable. En quelques secondes, des centaines d’années ont été jetées à terre. Et les tremblements ont laissé place à la désolation. Ces photos sont là pour nous rappeler la beauté de cette vallée. Et pour nous inciter à rebâtir en la gardant sans cesse à l’esprit.

”

Fayçal Tiaïba est architecte et photographe. Diplômé en architecture et titulaire d’un DEA à l’université La Sorbonne à Paris (spécialisé dans le patrimoine historique et les mutations urbaines), il collabore à Paris avec Shigeru Ban sur le Centre Pompidou-Metz.
Il rejoint Studio KO en 2012 à Marrakech, pour le projet du musée Yves-Saint-Laurent, et en devient associé. Il quitte l’agence en 2022 et fonde Laberinto, un studio pluridisciplinaire. Il poursuit en parallèle la photographie, questionnant le rapport entre l’humain et l’architecture, la société et son patrimoine historique.
Ses précédentes expositions s’intitulent *Gueliz Manifesto* (2025) et *Es Saadi : une icône marocaine* (2024).

THE VALLEY /

FAYÇAL TIAÏBA
ARCHITECT & PHOTOGRAPHER

“

In the spring of 2023, I traveled around the Wadi N’fiss on several occasions. I always started my journeys in the village of Ouirgane, and my goal was to understand the types of buildings and human settlements of the region. I always believed that architecture, and buildings more generally, were the slow, thoughtful result of collective intelligence, an intimate and sometimes tumultuous encounter between a people and a territory. This holds particularly true in this valley, where I have felt the depth of history, culture, and patiently acquired skills. Raw earth villages cling to the slopes of hills and mountains, in harmony with their surroundings. The delicate traces of human presence can be seen in the fields, cultivated on terraces, or by the river in the rammed-earth cubes, nestling together, and in the monumental ruins.

Shaped by the Wadi N’fiss, a valley with a waterway that originates from the High Atlas on the western side of Djebel Tichka, this valley crosses the land of the Goundafa, a Berber tribe whose ancient kasbahs overlook its course upstream from Ouirgane. Some kasbahs, like in Tagoundaft, have almost disappeared, as if they had melted in the sun, while others, like in Talaat N’Yaqoub, although abandoned, still stand proudly. Their past splendor lingers in the photographs of Henri Terrasse, the drawings of Théophile-Jean Delaye, and the paintings of Majorelle, all testifying to the early days of the colonial occupation. This territory is home to the ruins of Tinmel, the stronghold of the Almohad dynasty. It is also thought to be the epicenter of the terrible El Haouz earthquake in 2023.

These photographs were taken a few months before the tragedy. My research had become a visual quest to capture a moment suspended in time in this amazing, yet difficult-to-reach valley, which preciously preserved the traces of the past. I wanted to capture the fragility of these places and this constant miracle. Aware of the unavoidable advance of so-called modernity, I tried to fight against the oblivion ahead. I wanted to document this landscape so that the people who wished to learn about it could see and understand what it had to teach us. I didn’t know then that the enemy would be fiercer, sharper, and more ruthless. In a matter of seconds, hundreds of years of history were destroyed, and the tremors gave way to desolation. These photographs remind us of the beauty of this valley and to encourage us to rebuild, always keeping its beauty in mind.

”

Fayçal Tiaïba is a architect & photographer. He holds a degree in architecture and a master’s degree in historical heritage and urban change from Sorbonne University in Paris. He has worked with Shigeru Ban in Paris on the Centre Pompidou-Metz project.
In 2012, he joined Studio KO in Marrakech, for the Yves-Saint-Laurent museum project, and became a partner. He left the studio in 2022 and founded Laberinto, a multidisciplinary studio. In parallel, he continues his career as a photographer, exploring the relationship between people, architecture, society, and its historical heritage. His previous exhibitions include Gueliz Manifesto *(2025) and* Es Saadi: une icône marocaine *(2024).*

طرس مادي

MATERIAE PALIMPSEST

PAVILLON NATIONAL DU ROYAUME DU MAROC
NATIONAL PAVILION OF THE KINGDOM OF MOROCCO

Ce livre est publié à l'occasion de l'exposition du Pavillon national du Maroc, *Materiae Palimpsest*, à la 19e Exposition internationale d'architecture - La Biennale di Venezia du 10 mai 2025 au 23 novembre 2025.

This book is published on the occasion of the exhibition of the National Pavilion of Morocco, Materiae Palimpsest*, at the 19th International Architecture Exhibition - La Biennale di Venezia, from May 10, 2025 to November 23, 2025.*

L'EXPOSITION / *THE EXHIBITION*

Commissaire / *Curator*
Le Ministère de la Jeunesse, de la Culture et de la Communication.
Mohamed Ben Yacoub.

Co-organisateur / *Co-Organizer*
Ministère de l'Aménagement du Territoire national, de l'Urbanisme, de l'Habitat et de la Politique de la Ville.

Architecture & Curation / *Architecture & Curation*
Atelier Be, Khalil Morad El Ghilali & Belyas.Co, El Mehdi Belyasmine.

Co-Curation & Coordination /
Fatima Zahra Ben Hamza.

Équipe coordination Atelier BE & Belyas.Co / *Atelier BE & Belyas.Co Coordination Team*
Mamoun Kadiri Hassani, Zineb Ghanam, Nadège Mouine.

Direction financière / *Financial Management*
Loubna Benlaaraj.

Art textile / *Textile Art*
Soumiya Jalal.

Hologramme, éclairage & acoustique / *Hologram, Lighting & Acoustics*
Hatim Ham.

Ingénierie BTP / *Construction Engineering*
Uniaxis, Ahmed Koutous.

Production (Maroc) / *Production (Morocco)*
Coopérative Bellarej : Oussama Moukmir.
Artisans : Othman Bioui, Driss Belkaid, Driss Ait Abdalah, Abdessalam Bouazza, Abdelaziz Bouazza, Mohamed Abou, Abderahim Echerqaoui, Abderahman Zitoune.

Production (Venise) & installation scénographique / *Production (Venice) & Scenographic Installation*
We Exhibit, Nicolas D'Oronzio, Susanna Busatta.
Artisans : Oussama Moukmir, Yousra Nassif.

Maquette / *Model*
Monim Sabyh.

LE CATALOGUE / *THE CATALOG*

Curation / *Curation*
Laberinto / Fayçal Tiaïba.
Coordination : Yasmina Echair.

Graphic design
Nathalie Franck.

Documents techniques / Illustrations
Fatima Zahra Ben Hamza.

Contributions / *Contributions*
Khalil Morad El Ghilali ;
El Mehdi Belyasmine ;
Fatima Zahra Ben Hamza ;
Alia Bengana ;
Elie Mouyal ;
Fayçal Tiaïba ;
Hatim Ham ;
Mouncif Ibnoussina ;
Nadya Rouizem ;
Philippe Garnier ;
Rabia Charef ;
Rabiaa Harrak ;
Ronald Rael ;
Soumiya Jalal.

Crédits photo / *Photo Credits*
Elliott Ross (Ronald Rael).
Lance Gerber (vue aérienne).

المملكة المغربية
وزارة الشباب
والثقافة والتواصل
قطاع الثقافة
Royaume du Maroc
Ministère de la Jeunesse, de la Culture et de la Communication
Département de la Culture

Royaume du Maroc
Ministère de l'Aménagement du Territoire National, de l'Urbanisme, de l'Habitat et de la Politique de la Ville

be.
ATELIER BE
atelier bâtis éco

BELYAS.Co

MATERIAE PALIMPSEST

طرس مادي
جناح المملكة المغربية الوطني

يُنشر هذا الكتاب بمناسبة معرض الجناح الوطني للمملكة المغربية، طرس ماضي، في معرض العمارة الدولي التاسع عشر - بينالي البندقية من 10 مايو 2025 إلى 23 نوفمبر 2025

المعرض

راعي المشروع
وزارة الشباب والثقافة والتواصل
محمد بن يعقوب

المنظم المشارك
وزارة إعداد التراب الوطني والتعمير والإسكان وسياسة المدينة

العمارة و التنسيق الفني : أتيليه بي خليل مراد الغيلالي و بيلياس. كو المهدي بلياسمين

التنظيم والتنسيق : فاطمة الزهراء بن حمزة

فريق تنسيق أتيليه بي وبيلياس.كو : مأمون قادري حسني، زينب غانم، ناضج موين

الإدارة المالية : لبنى بن العراج

فن النسيج : سمية جلال

الهولوغرام والإضاءة والصوتيات: حاتم هام

هندسة البناء: يونياكسيس أحمد كوتوس

الإنتاج (المغرب): تعاونية بلاريج : أسامة مقمر
عثمان بيوي، دريس بالقايد، دريس ايت عبدالله، عبد السلام بوعزة، عبد العزيز بوعزة، محمد عبو، عبد الرحيم الشرقاوي، عبد الرحمن زيتون

الإنتاج (البندقية) و التركيب السينوغرافي: وي إكزيبت [نيكولاس دورونزيو - سوزانا بوساتا

الحرفيون : أسامة مقمير، يسرى نسيف

المجسم : منعم صبيح

الكتالوج

التنسيق الفني : لابيرينتو

التنسيق : يسمينة الشاعر

التصميم الجرافيكي : ناتالي فرانك

الوثائق التقنية : فاطمة بنحمزة

المساهمات: خليل مراد الغيلالي، المهدي بلياسمين، عالية بن قانة، فاطمة الزهراء بن حمزة، إيلي مويال، فيصل طيايبة، حاتم هام، منصف ابن سينا، نادية رويزم، فيليب غارنييه، ربيعة شارف، ربيعة الحراق، رونالد رايل، سُمتة جلال

دار النشر
كاف بوكس
بيروت / دبي www.kaphbooks.com
الترجمة الإنجليزية: شركة سي سي سي
الترجمة العربية: محمد آيت ميهوب
التدقيق اللغوي: زينة عساف (الإنجليزية)
محمد حمدان (العربية)
آن شوغنيت (الفرنسية)

Publié par / *Published by*
KAPH
Kaph Books
Beirut / Dubai
www.kaphbooks.com

Edité par / *Book editor*
LABERINTO
Laberinto
www.laberinto.studio

Distribution /

NORTH AMERICA - LATIN AMERICA - ASIA - AUSTRALIA
ARTBOOK | D.A.P.
75 Broad Street, Suite 630
New York, NY 10004
www.artbook.com

FRANCE - SWITZERLAND - BELGIUM - LUXEMBOURG
Les Presses du Réel
35 rue Colson,
21000 Dijon, France
www.lespressesdureel.com

REST OF EUROPE
Idea Books
Nieuwe Herengracht 11
1011 RK Amsterdam, The Netherlands
www.ideabooks.nl

MIDDLE EAST
CIEL BOOK DISTRIBUTION
Dubai, United Arab Emirates / Riyadh, Kingdom of Saudi Arabia
www.ciel.me

Museum Shops Company
Riyadh, Kingdom of Saudi Arabia

First Edition, 2025

Printed in Belgium, 2025
ISBN 978-614-8035-73-9 (English version) / ISBN 978-614-8035-78-4 (version Française)

SOMMAIRE
SUMMARY

CO-CURATRICE

FATIMA ZAHRA BEN HAMZA

Fatima Zahra Ben Hamza est une architecte et artiste visuelle marocaine basée à Djeddah. Soucieuse de révéler les enjeux urbains contemporains, elle explore les domaines sociaux, politiques et environnementaux. Depuis 2019, elle a participé à différentes résidences artistiques au Maroc et à l'étranger, telles que : l'Atelier de l'Observatoire (Maroc, Casablanca, 2019), Le Cube Independent Room (Maroc, Rabat, 2020), la bibliothèque Andreas Zust (Suisse, Alpenhof, 2021), la résidence Albalad (Arabie Saoudite, Djeddah, 2022). Cette expertise se transpose également au niveau institutionnel où elle collabore avec la galerie Hafez (Djeddah) en tant qu'artiste et designer d'espace depuis 2022. Responsable de la scénographie sur mesure et de la conception des expositions de la galerie Hafez, pour des installations temporaires et permanentes, son travail implique des collaborations avec des entreprises de construction et des artistes.

CO-CURATOR

FATIMA ZAHRA BEN HAMZA

Fatima Zahra Ben Hamza is a Moroccan architect and visual artist based in Jeddah. Interested in contemporary urban issues, she explores social, political, and environment realms. Since 2019, she has been part of different artistic residencies in Morocco and abroad, such as: Atelier de l'Observatoire (Morocco, Casablanca, 2019), Le Cube Independent Room (Morocco, Rabat, 2020), Andreas Zust Bibliothek (Switzerland, Alpenhof, 2021), and Albalad residency (Saudi Arabia, Jeddah, 2022). At an institutional level, since 2022, she has worked with Hafez Gallery (Jeddah) as both an artist and a space designer where she is responsible for tailor-made scenography and exhibition design for both temporary and permanent installations, collaborating with construction companies and artists.

CONTRIBUTEUR·ICE·S

ALIA BENGANA

Alia Bengana est architecte, enseignante et auteure franco-algérienne. Depuis près de quinze ans, elle se consacre à l'exploration des matériaux durables, avec une prédilection pour la terre crue et les fibres naturelles. Elle conjugue sa pratique d'architecte avec l'enseignement à l'EPFL Lausanne, la HEIA de Fribourg et l'EAV&T Paris-Est. Elle est co-auteure de *Béton, la fin d'une ère ?* (Heidi.news), récemment adapté en bande dessinée sous le titre *Béton, enquête en sables mouvants* (Presses de la Cité), une œuvre pédagogique et ludique qui interroge notre dépendance au béton et propose des alternatives durables. Elle collabore régulièrement avec la revue suisse romande d'architecture *Tracés*. En 2025-2026, elle sera pensionnaire à la Villa Médicis à Rome, où elle mènera un projet d'ouvrage sur le détail architectural et la simplification des pratiques constructives, intégrant localité, matières naturelles et temporalité.

RABIA CHAREF

Rabia Charef est architecte, chercheuse et consultante. Elle intègre les principes de l'économie circulaire à la numérisation, repensant la construction pour favoriser la durabilité et la suffisance. Elle fait le lien entre la théorie et la pratique, collaborant avec des concepteurs, des ingénieurs et des décideurs politiques. Elle imagine un avenir où les déchets sont des ressources, où les bâtiments servent de banques de matériaux et où la suffisance guide les choix de conception, en donnant la priorité à l'utilisation minimale des ressources. Rabia est l'auteur de plus de 20 articles académiques et a édité un livre sur l'économie circulaire. Par le biais de webinaires et de podcasts, elle plaide en faveur de l'utilisation de matériaux en terre dans la construction durable et présente des cas concrets. Ses recherches favorisent la déconstruction et façonnent la normalisation européenne, établissant un lien entre le monde universitaire et l'industrie afin de favoriser un changement systémique pour un environnement bâti régénérateur.

RABIAA HARRAK

Rabiaa Harrak est architecte et auteure. Architecte au ministère de la Culture du Maroc, elle a aussi publié plusieurs ouvrages, dont *Mémoires du patrimoine culturel et 41 règles de gestion du patrimoine culturel*, aux Éditions universitaires européennes. Conférencière au Congrès international des architectes en Malaisie en novembre 2024, elle a représenté le ministère de la Culture marocain à Copenhague en 2023. Lauréate du programme « International School of Cultural Heritage » du ministère italien de la Culture (2019-2020), elle a été la présidente du jury du Prix Culture 2022 à Rabat. Actuellement, elle est cheffe de service de la programmation et inspectrice des Monuments historiques.

CONTRIBUTORS

ALIA BENGANA

Alia Bengana is a French-Algerian architect, teacher, and author. For almost fifteen years, she has explored sustainable materials, with a focus on raw earth and natural fibers. She combines her architectural practice with teaching at the EPFL (École polytechnique fédérale) in Lausanne, the HEIA (Haute école d'ingénierie et d'architecture) in Fribourg, Switzerland, and at the EAV&T Paris-Est (École d'architecture de la ville & des territoires Paris-Est) in Champs-sur-Marne, France. She co-authored Béton, *la fin d'une ère ? (Concrete, the end of an era?, Heidi.news, 2021), which was recently adapted as a graphic novel entitled* Béton, *enquête en sables mouvants (Presses de la Cité, 2024), an educational and entertaining book that questions our dependence on concrete and puts forward sustainable alternatives. She is a regular contributor to the French-speaking Swiss architecture magazine* Tracés. *In 2025–2026, she will be a resident at Villa Medici in Rome, where she will lead a project on architectural details and the simplification of construction methods, integrating proximity, natural materials, and temporality.*

RABIA CHAREF

Rabia Charef integrates circular economy principles with digitalization, rethinking construction to foster sustainability and sufficiency. An architect, researcher, and consultant, she bridges theory and practice, collaborating with designers, engineers, and policymakers. She envisions a future where waste is a resource, buildings serve as Material Banks, and sufficiency guides design choices, prioritising minimal resource use. Rabia has authored more than twenty academic papers and edited a book on circular economy. Advocating for earthen materials in sustainable construction through webinars and podcasts, she shares real-world cases. Her research promotes deconstruction, advances materials passports, and shapes European standardization, bridging academia and industry to drive systemic change for a regenerative built environment.

RABIAA HARRAK

Rabiaa Harrak is a Moroccan architect and author. An architect at the Moroccan Ministry of Culture, she has also published several works, including Mémoires du patrimoine culturel *and* 41 règles de gestion du patrimoine culturel, *(Éditions universitaires européennes, 2024). A speaker at the International Union of Architects Forum in Malaysia in November 2024, she also represented the Moroccan Ministry of Culture in Copenhagen in 2023. A recipient of the Italian Ministry of Culture's "International School of Cultural Heritage" program (2019–2020), she chaired the jury for the Prix Culture 2022 in Rabat. She is currently in charge of the programming department and an inspector of historical monuments.*

MOUNSIF IBNOUSSINA

Mounsif Ibnoussina est enseignant-chercheur, affilié à la faculté des sciences Semlalia de l'université Cadi Ayyad de Marrakech. Spécialiste du patrimoine architectural méditerranéen, il s'est consacré à l'étude des matériaux de construction, notamment le pisé, la minéralogie des argiles et l'évaluation des risques géotechniques.

Titulaire de plusieurs doctorats, le professeur a dirigé des laboratoires de recherche et occupé des postes clés au sein de son institution, tout en publiant de nombreux articles scientifiques. Fondateur des Rencontres internationales sur le patrimoine architectural de la Méditerranée (RIPAM) et président du Réseau RIPAM, il a organisé plusieurs conférences internationales.

Parallèlement à ses recherches, il a enseigné et encadré des étudiants au Maroc et à l'étranger, développant des workshops sur les matériaux écologiques et la conservation du patrimoine. Engagé dans des collaborations scientifiques avec des institutions européennes, il préside depuis 2017 l'Association Labina, dédiée à une architecture durable.

NADYA ROUIZEM

Nadya Rouizem Labied est architecte DPLG et maîtresse de conférences associées à l'École nationale supérieure d'architecture de Paris-Val de Seine (ENSAPVS) et chercheuse aux laboratoires AHTTEP et EVCAU.

Son ouvrage *Réinventer la terre crue* est paru aux éditions Recherches en 2022, avec le soutien du CCME et de la Fondation Hassan II pour les Marocains résidents à l'étranger. Il est basé sur sa recherche doctorale sur la réactualisation de l'architecture en terre au Maroc depuis les années 1960. Sa thèse a obtenu une mention de l'Académie d'architecture à Paris en 2021, et a été sélectionnée pour une bourse de la Caisse des dépôts pour la recherche en architecture en 2019.

PHILIPPE GARNIER

Philippe Garnier, architecte, est chercheur au sein de l'Unité de Recherche AE&CC de l'ENSA de Grenoble – UGA.

Il a occupé diverses fonctions au sein du laboratoire CRAterre où il est responsable du programme Habitats depuis une vingtaine d'années. Son parcours l'a amené à travailler sur des projets situés liés à l'architecture de terre et aux cultures constructives avec des acteurs locaux et internationaux dans une vingtaine de pays dont le Maroc.

La majeure partie de ses travaux concerne la valorisation des cultures constructives locales et de leurs diversité dans le contexte de réduction des risques de catastrophe et d'adaptation au changement climatique. Au-delà des aspects de vulnérabilité, il développe une approche de résilience par les cultures constructives et leur rétro-ingénierie pour contribuer à répondre aux besoins sociaux et aux ODD. Il contribue à divers projets de recherche transdisciplinaire (UGA Risk Institute, PEPR science des risques) et conseils scientifiques (AFPCNT, AFPS).

MOUNSIF IBNOUSSINA

Mounsif Ibnoussina is a Moroccan professor and researcher affiliated with the Semlalia Faculty of Science of the Cadi Ayyad University in Marrakech. A specialist in Mediterranean architectural heritage, his field of study focuses on construction materials, particularly rammed earth, clay mineralogy, and geotechnical risk assessment.

Ibnoussina holds several PhDs and has headed research laboratories and held key positions within his institution, while publishing numerous academic articles. Founder of the Rencontres internationales sur le patrimoine architectural de la Méditerranée (RIPAM) and president of the RIPAM Network, he has organized several international symposia.

Alongside his research, he has taught and mentored students in Morocco and abroad, organizing workshops on ecological materials and heritage conservation. He is involved in scientific collaborations with European institutions and has been the president of the Association Labina, dedicated to sustainable architecture, since 2017.

NADYA ROUIZEM

Nadya Rouizem Labied is a Franco-Moroccan architect, an associate lecturer at the École nationale supérieure d'architecture de Paris-Val de Seine (ENSAPVS), and a researcher at the AHTTEP (architecture histoire technique territoire patrimoine), and EVCAU (environnements numériques, cultures architecturales et urbaines) laboratories.

Her book Réinventer la terre crue *was published by Recherches in 2022, with the support of the CCME (Conseil de la communauté marocaine à l'étranger) and the Fondation Hassan II pour les Marocains résidant à l'étranger. It is based on her PhD research on the revival of earthen architecture in Morocco since the 1960s. Her thesis was awarded a distinction by the Academy of Architecture in Paris in 2021, and was selected for a grant in 2019 from the Caisse des Dépôts for research in architecture.*

PHILIPPE GARNIER

Architect Philippe Garnier is a researcher at the AE&CC Research Unit of the Grenoble National School of Architecture (ENSAG—UGA), France.

He held various positions at the CRAterre laboratory, where he has been head of the Habitats program for the last twenty years. Throughout his career, he has worked on projects related to earthen architecture and construction techniques with local and international stakeholders in twenty countries, including Morocco.

His work mainly focuses on promoting local construction cultures and their diversity to mitigate disaster risks and adapt to climate change. Beyond the issues of vulnerability, he develops a resilient approach with building cultures and their reverse engineering to help meet social needs and the United Nations' Sustainable Development Goals. He is involved in various transdisciplinary research projects (UGA Risk Institute, PEPR Science des Risques) and scientific advisory boards (AFPCNT, AFPS).

ربيعة شارف

تدمج ربيعة شارف في أعمالها مبادئ الاقتصاد الدائريّ مع الرقمنة، معيدةً التفكير في البناء لتعزيز الاستدامة والكفاية. وهي مهندسة معماريّة وباحثة ومستشارة، تعمل على الربط بين النظريّة والتطبيق، في إطار التعاون مع المصمّمين، والمهندسين، وصانعي السياسات. إنّها تعمل على وضع تصوّر لمستقبلٍ تصبح فيه النفايات مورداً كسائر الموارد، وتكون فيه المباني بمثابةِ بنوكٍ لموادّ البناء، ويوجّه فيه مبدأ الكفاية خيارات التصميم، ويؤثر فيه المختصّون استخدامَ الحدّ الأدنى من الموارد. وقد ألّفت ربيعة أكثر من 20 مقالاً أكاديميّاً، وقامت بتحرير كتاب في موضوع الاقتصاد الدائريّ. وتحرص خلال الندوات الإلكترونيّة وحلقات البودكاست التي تشارك فيها، على الدعوة إلى استخدام الموادّ الترابيّة في البناء المستدام، إذ تقوم في هذه المناسبات بمشاركة حالات واقعيّة تؤكّد آراءها. وتسعى بحوثها إلى تعزيز العمارة التفكيكيّة، والتقدّم إلى الأمام بجوازات سفر الموادّ، وصياغة المعايير الأوروبيّة، وربط الأوساط الأكاديميّة بعالَم الصناعة بغية دفع التغيير المنهجيّ الشامل نحو إيجاد بيئة بنائيّة متجدّدة

ربيعة حرّاق

ربيعة حرّاق هي مهندسة معماريّة وكاتبة مغربيّة. وعلاوةً على كونها مهندسة معماريّة في وزارة الثقافة المغربيّة، فإنّها قد نشرت العديد من المؤلّفات، على غرار كتابيْها «ذكريات التراث الثقافي» (Mémoires du patrimoine culturel) و«41 قاعدة لإدارة التراث الثقافي» (41 règles de gestion du patrimoine culturel)، عن دار المنشورات الجامعيّة الأوروبيّة. وقد حاضرت في المؤتمر الدوليّ للمهندسين المعماريّين بماليزيا في نوفمبر 2024، ومثّلت كذلك وزارة الثقافة المغربيّة في كوبنهاغن، عام 2023. فازت ربيعة حرّاق ببرنامج المدرسة الدوليّة للتراث الثقافي التابع لوزارة الثقافة (International School of Cultural Heritage) الإيطاليّة (2019-2020)، وتولّت رئاسة لجنة تحكيم جائزة الثقافة لعام 2022 في الرباط. وهي حاليّاً رئيسة قسم البرمجة ومفتّشة الآثار التاريخيّة.

منصف ابن سينا

منصف ابن سينا هو أستاذ-باحث مغربيّ، منتسب إلى كلّية العلوم السملاليّة بجامعة القاضي عياض بمراكش. وبوصفه متخصّصاً في التراث المعماري المتوسّطي، فقد كرّس جهوده لدراسة موادّ البناء، لاسيما الطين المدكوك، والدراسة المعدنيّة للطين، وتقييم المخاطر الجيوتقنيّة

وقد حاز الأستاذ منصف ابن سينا شهادات دكتوراه عديدة، وأدار مختبرات بحثيّة، وشغل مناصب رئيسيّة داخل مؤسّسته، ونشر الكثير من المقالات العلميّة. وهو مؤسّس »اللقاءات الدوليّة حول التراث المعماريّ للبحر الأبيض المتوسّط« (RIPAM)، ورئيس شبكة »ريبام« (RIPAM)، إضافةً إلى تنظيمه عدّة مؤتمرات دوليّة

وبالموازاة مع أبحاثه، فإنّ منصف ابن سينا درّس وأشرف على تأطير الطلّاب داخل المغرب وخارجه، وبعث ورش عمل حول الموادّ البيئيّة والمحافظة على التراث. وفي سياق انخراطه في التعاون العلميّ مع المؤسّسات الأوروبيّة، رأس منذ عام 2017 جمعيّة «لَبِنة» (Labina) التي تهدف أنشطتها إلى تعزيز الهندسة المعماريّة المستدامة

نادية رويزم

نادية رويزم لبيض هي مهندسة معماريّة فرنسيّة مغربيّة مؤهّلة من الحكومة (DPLG)، وأستاذة محاضرة منتسبة الى المدرسة الوطنيّة للهندسة المعماريّة في باريس-فال دو سين (ENSAPVS)، وباحثة في مختبرات (AHTTEP وEVCAU)

صدر كتابها «إعادة اكتشاف التراب الخام» (Réinventer la terre crue) سنة 2022، بدعم من مجلس (Recherches) عن دار النشر بحوث ومؤسّسة الحسن الثاني للمغاربة (CCME)، الجالية المغربيّة بالخارج المقيمين بالخارج. ويستند الكتاب إلى أطروحتها للدكتوراه حول تحديث العمارة الطينيّة في المغرب منذ ستّينيات القرن الماضي. وقد حصلت هذه الأطروحة على إشادة «أكاديميّة الهندسة المعماريّة» بباريس عام 2021، واختيرت نادية روزيم للحصول على منحة من صندوق الودائع للأبحاث المعماريّة في سنة 2019.

رونالد رايل

رونالد رايل هو مهندس معماريّ وأستاذ يُعرف بمقاربته المتميّزة للهندسة المعماريّة التي تمزج بين الثقافة والتاريخ والبيئة. يعمل أستاذاً للهندسة المعماريّة في جامعة كاليفورنيا في بيركلي، حيث يُدرّس التصميم، والقضايا الاجتماعيّة، والاستخدام التطبيقي لموادّ البناء. وتتناول أعماله العلاقة بين الهندسة المعماريّة والحدود، لا سيما على امتداد الحدود بين الولايات المتحدة والمكسيك

يُولي رايل اهتماماً بالغاً بموادّ البناء وتأثيرها في عمليّة البناء. وتستكشف أعماله الأبعاد الثقافيّة والبيئيّة والاجتماعيّة للموادّ، إذ غالبا ما يمزج بين الطرق التقليديّة والتكنولوجيا العصريّة المتطوّرة. وينصبّ اهتمامه بشكل أساسيّ على كيفيّة تعبير الموادّ عن المعنى، وتجسيدها للهويّة والتاريخ والسياق الجغرافي. وقد خاض رونالد تجارب مع موادّ بناء متنوّعة، بدءاً من الطين، وصولاً الى تقنيات التصنيع الرقميّ المتقدّمة، بهدف تطوير تصاميم مستدامة وملائمة ثقافياً. ونذكر من بين مشاريعه البارزة، ابتكار طوب ثلاثيّ الأبعاد يعيد توظيف الموادّ التقليديّة باستخدام الروبوتات. وتشدّد أعماله على دور الموادّ في معالجة المشاغل العمليّة والاجتماعيّة، إذ تحفّز النقاش حول الاستدامة البيئيّة والتغيير الاجتماعي. ومن خلال تصاميمه، يستكشف رايل مواضيع الهويّة والهجرة والحدود الجيوسياسيّة، مبرزاً قدرة الهندسة المعماريّة على تشكيل الفضاءات الماديّة والتحوّلات الاجتماعيّة

فيليب غارنييه

فيليب غارنييه، هو مهندس معماريّ، وباحث في وحدة البحث» الهندسة المعماريّة والبيئة والثقافات البنّاءة» التابعة للمدرسة الوطنيّة العليا للهندسة المعماريّة في غرونوبل.

وقد شغل وظائف مختلفة داخل مختبر «المركز الدولي لبناء الأرض» (CRAterre) حيث كان مدير برنامج الموائل لمدّة عشرين عاماً تقريباً. وقادته مسيرته المهنيّة إلى العمل في مشاريع كثيرة ذات ارتباط بعمارة التراب، والثقافات البنّاءة، وتعاون في ذلك مع فاعلين محلّيين ودوليّين في ما يقارب عشرين دولة بما فيها المغرب

أمينا المشروع

المهدي بلياسمين

المهدي بلياسمين مهندس معماريّ ومصمّم مغربي، ومؤسّس شركة «بلياس.كو» (Belyas.Co)، وهي وكالة متعدّدة الاختصاصات تنشط في مجاليْ الابتكار المعماريّ والتجربة الإنسانيّة. وتقوم مقاربته الشموليّة على اعتبار أنّ كلّ مشروع هو بمثابة محفّزٍ للتغيير في المناطق الحضريّة والريفيّة، سعياً إلى التوفيق بين الإكراهات والفرص من أجل إحداث أثر إيجابي على المدن والجماعات السكّانيّة. واعتماداً على البحوث المعمّقة، نجحت وكالته في تحويل السياقات التاريخيّة والاجتماعيّة والبيئيّة إلى وجهات ثقافيّة

وبعد الحصول على شهادة الماجستير (ماجستير الدراسات العليا) في الهندسة المعماريّة والتصنيع الرقمي من المعهد الفيدرالي السويسري للتكنولوجيا في زوريخ (2022)، وعلى شهادة الماجستير من كلّية الهندسة المعماريّة لاكامبر هورتا (La Cambre Horta) التابعة لجامعة بروكسيل الحرّة (2015)، أثرى المهدي بلياسمين مسيرته المهنيّة عبر برنامج تبادل أكاديميّ التحق خلاله بكلّية الهندسة والهندسة المعماريّة (HEIA) في فرايبورغ. وقادته تجربته الدوليّة إلى المكسيك حيث شارك في إنجاز مشاريع ثقافيّة وحضريّة مع مكاتب هندسيّة شهيرة على غرار: مكتب «فري-إي» (FR-EE) ومكتب «لامالا» (Estudio Lamela). وقد اشتغل كذلك في قطر والمغرب. وفي 2023، انضمّ المهدي بلياسمين إلى إستوديو «أكمي لندن» (ACME London)، وهناك شارك طيلة سنتين في تصميم مشاريع متعدّدة الاستخدامات في المملكة المتّحدة، والصين، والإمارات العربيّة المتّحدة. وينكبّ المهدي بلياسمين اليوم، من خلال وكالة بلياس.كو، على تطوير مشاريع في إفريقيا، وأمريكا، تجمع بين الابتكار والالتزام الإقليميّ.

خليل مراد الغيلالي

خليل مراد الغيلالي هو مهندس معماريّ مغربي، يدرّس في المدرسة الوطنيّة للهندسة المعماريّة (ENA) بمرّاكش، ويُعدّ رسالة دكتوراه في اختصاص الهندسة المعماريّة بالجامعة الأورومتوسّطية في فاس، وجامعة ثيساليا (Thessalie) في اليونان، بصفة مدرّس زائر في مخبر »إسكاب لاب« (Escape Lab). وبعد تجربة غنيّة ضمن عدّة شركات معماريّة، أنشأ شركته الخاصّة: ورشة عمل »بي إي« (BE) (ورشات بناء صديقة للبيئة)، ومقرّها في الرباط. يعمل هذا المكتب في مجال التصميم والأبحاث المتعدّدة الاختصاصات، ويستند في أعماله إلى مقاربات من مجالات وسياقات متنوّعة، وهو يتناول بالدراسة مسائل مرتبطة بالمناخ، والبيئة، والإدراك البشريّ، وحساسيّة التكنولوجيات الجديدة وقدرتها على تغيير أنماط الحياة الحاليّة من خلال سيناريوهات خياليّة وشيكة الحدوث. فبالاعتماد على الخيال المناخيّ أداةً وسائطيّةً، قُدّمت توقّعات تستعمل علوماً بيئيّة مختلفة، أعادت النظر في النماذج التي تُعتبر اليوم مربحة من الناحية الاقتصاديّة. لقد نجحت ورشة «بي إي» (BE) ، المكوّنة من فريق شابٍّ من الحرفيّين والمهندسين المعماريّين والمخطّطين الحضريّين ومصمّمي المساحات الخضراء، في اكتساب مجموعة من الخبرات مكّنتها اليوم من مواجهة مختلف التحدّيات المناخيّة في جميع أنحاء المملكة، بشكل سريع وفعّال

أمينة مشتركة

فاطمة الزهراء بن حمزة

فاطمة الزهراء بن حمزة هي مهندسة معمارية وفنانة بصرية مغربية مقيمة في جدة. تهتم بكشف التحديات الحضرية المعاصرة، وتستكشف المجالات الاجتماعية والسياسية والبيئية. منذ عام 2019، شاركت في العديد من الإقامات الفنية في المغرب والخارج، مثل: ورشة مرصد (المغرب، الدار البيضاء 2019)، غرفة مكعب المستقلة (المغرب، الرباط 2020)، مكتبة أندرياس زوست (سويسرا، ألبنهوفء 2021)، إقامة البلد (المملكة العربية السعودية، جدةء 2022). كما تمتد خبرتها على المستوى المؤسسي حيث تتعاون مع غاليري حافظ (جدة) كفنانة ومصممة فضاء منذ عام 2022. وهي مسؤولة عن التصميم المسرحي المخصص وتصميم المعارض في غاليري حافظ، سواء للتركيبات المؤقتة أو الدائمة، ويشمل عملها تعاونًا مع شركات البناء والفنانين

المساهمون المساهمات

عالية بن قانة

علياء بن قانة هي مهندسة معماريّة ومُدرّسة ومؤلّفة فرنسيّة-جزائريّة. وقد كرّست جهودها، منذ ما يقرب من خمسة عشر عاماً، لاستكشاف الموادّ المستدامة، مع شغف خاصّ بالتراب الخام والألياف الطبيعيّة. تُزاوج علياء بين ممارستها لعملها مهندسةً معماريّةً، وبين التدريس في المدرسة الاتّحاديّة للفنون التطبيقيّة (EPFL) في لوزان، والمدرسة العليا للهندسة والهندسة المعماريّة (HEIA) في فرايبورغ، ومدرسة الهندسة المعماريّة لمدينة باريس وأقاليم باريس-الشرقيّة (EAV&T Paris-Est). وقد شاركت في تأليف كتاب «الخرسانة، نهاية عصر؟» الصادر عن المؤسّسة الإعلاميّة (Béton, la fin d'une ère?) Heidi.news، الذي حُوّل مؤخّرًا إلى قصّة مصوّرة تحمل عنوان» الخرسانة، تحقيق في الرمال المتحرّكة «عن دار نشر» مطابع (Presses de la Cité) (2024)، وهو مُؤلّف تعليميّ «المدينة وترفيهيّ يسائلُ تبعيّتنا للخرسانة ويقترح بدائل مستدامة. وتتعاون علياء بانتظام مع مجلّة الهندسة المعماريّة السويسريّة (Tracés). وستقيم خلال سنتي 2025-2026، «الروماندية، «آثار في روما، حيث ستعمل على مشروع (Médicis) في فيلا ميديشي كتاب حول التفاصيل المعماريّة وتبسيط ممارسات البناء، يتناول الطابع المحلّي والموادّ الطبيعيّة والبعد الزمنيّ.

L'ART DE BÂTIR EN TERRE : DU LOCAL À L'UNIVERSEL

OU COMMENT LE MAROC TENTE DE SAUVER CE SAVOIR-FAIRE

RABIAA HARRAK
Architecte

Dans la perspective de préserver et de valoriser son patrimoine architectural, l'État marocain a élaboré en 2021 un protocole[1] d'accord pour l'amélioration des interventions au sein des médinas. C'est dans ce cadre que le Département de la formation professionnelle[2] a mené une étude intéressante (2023-2024), en concertation avec tous les acteurs concernés[3], relative à « l'identification des besoins quantitatifs et qualitatifs en compétences dans le domaine de la restauration des anciennes médinas et la réhabilitation du patrimoine architectural marocain ». Cette étude a permis de ressortir les besoins en compétences dans le domaine de la restauration architecturale et d'élaborer un plan de formation à moyen terme pour répondre à ces besoins. Le Programme de valorisation des ksour et kasbah[4], entamant quant à lui sa deuxième phase (2025-2030), avait déjà identifié durant sa première phase (2015-2022) les « Trésors humains vivants (maîtres artisans/mâalem) » en matière de sauvegarde du patrimoine architectural. Cela complétera ainsi parfaitement les directives de ce plan de formation, suggérant un apprentissage par alternance pour les jeunes, grâce notamment à la transmission des connaissances selon l'approche traditionnelle mais efficace mâalem/apprenti. En s'occupant ainsi de restaurer des édifices et des monuments par les techniques ancestrales, les maîtres artisans transmettent un savoir millénaire et redonnent de l'éclat à l'architecture traditionnelle marocaine, en alliant créativité artistique et savoir-faire technique.

Cet intérêt grandissant pour le patrimoine architectural bâti en terre a poussé l'État marocain à porter en 2022, au niveau international, un projet d'élaboration d'un dossier d'inscription, « Art et traditions de bâtir en terre », sur la liste représentative du patrimoine culturel immatériel de l'Unesco. Cette notion de « patrimoine culturel » a évolué ces dernières décennies et ne s'arrête désormais plus aux « monuments et aux collections d'objets », comme le souligne l'Unesco. Elle comprend également « les traditions ou les expressions vivantes héritées de nos ancêtres et transmises à nos descendants : traditions orales, arts du spectacle, pratiques sociales, rituels et événements festifs, connaissances et pratiques concernant la nature et l'univers[5]». Et bien entendu, l'art et le savoir-faire dans la pratique du bâti.

Ce dossier sera présenté en commun avec plusieurs pays arabes. Il contribuera ainsi à sensibiliser largement autour de l'importance de la sauvegarde et de la transmission, à engager le dialogue culturel et à assurer la visibilité de ce volet du patrimoine immatériel, tout en soulignant l'interdépendance entre ces pratiques et le développement durable. L'architecture en terre au Maroc est un véritable trésor culturel qui a résisté vaillamment à l'épreuve du temps. Elle incarne désormais un pont culturel vers le futur architectural du Maroc, si bien exploité.

THE ART OF EARTHEN BUILDING: FROM THE LOCAL TO THE UNIVERSAL

OR HOW MOROCCO IS TRYING TO SAVE THIS KNOWLEDGE

RABIAA HARRAK
Architect

In 2021, to preserve and enhance the architectural heritage of the country, the Moroccan government drew up a memorandum[1] of understanding to improve architectural interventions in the medinas. As part of this effort, the Department of Professional Training[2] has conducted an interesting study (2023–2024), involving all stakeholders,[3] on "identifying the quantitative and qualitative skills needed in the field of restoring old medinas and rehabilitating Morocco's architectural heritage." This study helped recognize the skill gaps in architectural restoration and to design a medium-term training plan to address those needs. The Programme d'accompagnement pour la valorisation durable des ksour et kasbah du Maroc (Support program for the sustainable enhancement of Moroccan ksour and kasbahs)[4], which is now entering its second phase (2025–2030), has already identified "Living Human Treasures" (master craftspeople/maalems) who are experts in safeguarding architectural heritage, during its first phase (2015–2022). This aptly complements the training plan's guidelines, suggesting a work-study program for young people, particularly through the transmission of knowledge with the traditional and effective maalem apprenticeship. By restoring buildings and monuments using traditional techniques, master craftspeople are passing on ancestral wisdom and reviving the splendor of traditional Moroccan architecture, combining artistic creativity with technical skills.

This growing interest in the heritage of earthen architecture prompted the Moroccan government to submit a proposal in 2022 for "The Art and Tradition of Earthen Building" to be included on UNESCO's Representative List of the Intangible Cultural Heritage of Humanity. This notion of "cultural heritage" has evolved over the last few decades and no longer stops at "monuments and collections of objects," as emphasized by UNESCO. It also includes "traditions or living expressions inherited from our ancestors and passed on to our descendants, such as oral traditions, performing arts, social practices, rituals, festive events, knowledge and practices concerning nature and the universe,"[5] and, of course, the art and skills of construction.

Submitted jointly with several other Arab countries, this proposal will raise awareness of the importance of safeguarding and transmitting intangible heritage. It will also initiate a cultural dialogue, ensure its visibility, and highlight the connection between these building practices and sustainable development. Moroccan earthen architecture is a true cultural treasure that has endured throughout the ages. If properly utilized, it can become a cultural gateway to Morocco's architectural future.

Widespread throughout Morocco, earth is a building material that has been used in construction for centuries. It stands as one of the most prominent expressions of how people integrate into their environment, and is an inspiring example of sustainable construction drawing on available and inexpensive local resources. Located near Ouarzazate, the Ksar of Aït-Ben-Haddou, is a perfect synthesis of southern Moroccan earthen architecture, providing a complete overview of these techniques and skills.

Répandu sur tout le territoire marocain, le matériau « terre » est utilisé dans la construction depuis plusieurs siècles. Il représente une des expressions les plus originales de l'intégration de l'homme dans son environnement et une construction durable exemplaire, utilisant des ressources locales disponibles et peu coûteuses. Le ksar d'Aït-Ben-Haddou, près de Ouarzazate, parfaite synthèse de l'architecture en terre du Sud marocain, offre un panorama complet de ces techniques et savoir-faire. On peut citer notamment la procédure de préparation des enduits spécifiques (choix des matériaux, mélange, durée de fermentation, etc.), la structure porteuse (pisé, murs en adobe…), les toitures, les détails architecturaux adaptés à l'architecture traditionnelle (soubassements en pierres, cadres d'ouvertures, « chapeaux » débordants sur les acrotères, en terre et roseaux, hautes descentes d'eau enduites à la chaux ou au « tadelakt », etc.). Inscrit depuis 1987 sur la liste du patrimoine mondial, il est le symbole d'une intelligence collective et de pratiques ancestrales, un savoir-faire conservé par les mâalem (maîtres artisans), qui en assurent la transmission intergénérationnelle. Il est la mémoire encore vivante[6] d'une communauté, de ses habitants, de leur organisation sociale et de leur vie quotidienne. « Un matériau n'est pas intéressant pour ce qu'il est mais pour ce qu'il peut faire pour la société » (Turner. J.). L'Unesco rappelle ainsi que : « L'importance du patrimoine culturel immatériel ne réside pas tant dans la manifestation culturelle elle-même que dans la richesse des connaissances et du savoir-faire qu'il transmet d'une génération à une autre.»

Ces connaissances permettent aussi bien de bâtir de nouvelles constructions que de restaurer, d'entretenir, de réparer ou de reconstruire les bâtiments existants et les monuments historiques. Pour de simples maisons marocaines traditionnelles ou pour des palais et œuvres monumentales en terre, la maîtrise de ce savoir-faire exige des décennies de formation et d'expérience. Ces travaux de restauration et de maintenance exigent souvent la participation de résidents locaux, notamment pour la construction des murs et toitures qui nécessite l'implication d'une grande main-d'œuvre. Cela renforce la coopération et la cohésion communautaire et illustre la fonction sociale de ce type de bâti.

Cet héritage subit cependant l'évolution de la société, dont les conséquences mettent en péril le capital culturel de plusieurs générations et menacent d'extinction de nombreux chefs-d'œuvre architecturaux. La modernisation a rendu la transmission difficile, aléatoire et délaissée par les communautés locales. Malgré tous les avantages sociaux, économiques, environnementaux, ce savoir disparaît progressivement.

Une inscription au patrimoine immatériel, mais après ?

Par-delà le plan de formation des jeunes artisans évoqué plus haut, la reconnaissance et la « conservation intégrée » de ces savoir-faire devront être accompagnées de synergies d'actions entre les départements ministériels concernés d'abord, ainsi que l'implication du secteur privé et les communautés locales. C'est une réflexion globale qui devra être menée dans le domaine de l'urbanisme et de l'aménagement du territoire, en intégrant le patrimoine architectural dans une démarche de développement durable et en encourageant la construction en terre. Les organismes étatiques peuvent s'impliquer amplement et jouer un rôle de moteur dans ce processus de recréation de la future architecture du Maroc ; en commandant par exemple la construction des bâtiments modèles en matériau terre pour des institutions nationales

This includes specific coating preparation procedures (choice of materials, mixing, fermentation time, etc.), supporting structures (rammed earth, adobe walls, etc.), roofs, and architectural details adapted to traditional architecture (wall bases built in stone, opening frames, extended "hats" over parapet walls built from earth, and reeds high water downspouts coated with lime or tadelakt, *etc.). Included on the World Heritage List since 1987, it embodies a sense of collective wisdom, as well as ancestral practices and skills maintained by the master craftspeople who ensure its transmission from one generation to the next. It is the surviving memory[6] of a community, its inhabitants, their social organization, and daily life. This is akin to the concept by John F. C. Turner who theorized that a material is not interesting for its own sake, but for what it can do for society. Similarly, UNESCO stresses that "the importance of intangible cultural heritage is not the cultural manifestation itself but rather the wealth of knowledge and skills that is transmitted through it from one generation to the next."*

Such knowledge makes it possible to build new constructions and to restore, maintain, repair, or rebuild existing structures and historic monuments. Whether it is a simple traditional Moroccan house, palace, or earthen monument, mastering these skills requires decades of training and experience. The construction, restoration, and maintenance work often involves the participation of local residents, particularly when building walls and roofs, where a large workforce is needed. This reinforces cooperation and community cohesion while reflecting the social function of the building.

However, this heritage is threatened by social change, whose consequences jeopardize the cultural capital of several generations and endanger many architectural masterpieces. Modernization has made the transmission process more complicated, uncertain, and neglected by local communities, so despite all the social, economic, and environmental benefits, this knowledge is slowly disappearing.

After its Inscription on the Intangible Heritage List: What's Next?

Besides the training plan for young artisans mentioned above, the recognition and "integrated conservation" of these skills must be supported by synergies of action between the relevant ministries, the private sector, and local communities. This comprehensive framework must be implemented in urban and regional planning, integrating architectural heritage in sustainable development schemes and encouraging earthen construction. Government bodies can actively engage and act as a catalyst in this process of recreating Morocco's future architecture by funding the construction of earthen model buildings for national institutions (museums, heritage centers, public headquarters, etc.). The next step would be to encourage the private sector to further invest in the design and construction of earthen buildings, including hotels, inns, restaurants, banks, towers, and shopping malls. Ultimately, we must raise awareness, among local communities, of the value and richness of this type of architecture. By doing so, we can help them rediscover a sense of pride in their cultural identity and belonging to this heritage that is, despite everything, still vibrant.

With this in mind, architects and engineers, in collaboration with master craftspeople, must play a central role in reimagining the architecture of the future, drawing on the architectural heritage of Morocco's past. The remarkable properties of earth make it a bio-sourced material ideally suited to the needs of sustainable construction. In addition to its durability, this material plays an important role in both the social economy and the green transition[7], with an impressive carbon footprint.[8] Also noteworthy is its resistance to seismic forces and its potential for innovation (new processes, such as compressed earth blocks [CEB], poured earth, prefabrication, etc.).

(musées, centres d'interprétation du patrimoine, sièges publics, etc.). Il faudra ensuite encourager le secteur privé à s'investir davantage dans la conception de cette architecture en terre par la construction des établissements privés (hôtels, auberges, banques, tours et centres commerciaux, etc.). Enfin, il faudra sensibiliser les communautés locales à l'importance et à la richesse de ce type d'architecture, tout en leur permettant de retrouver avec fierté ce sentiment d'appartenance culturelle et identitaire, issu de ce savoir-faire immatériel encore vivant malgré tout.

Dans cette perspective, le rôle des architectes et ingénieurs est primordial, en relation avec les maîtres artisans, afin d'innover dans la conception d'une architecture du futur puisant dans le passé patrimonial du Maroc. Les propriétés remarquables de la terre en font un matériau biosourcé particulièrement adapté aux exigences de la construction durable. Outre sa durabilité, on peut citer son rôle dans l'économie sociale, sa place dans la transition écologique[7] (avec son excellent bilan carbone[8]), sa résistance notamment face aux forces sismiques et son potentiel d'innovation (nouveaux procédés comme les briques de terre comprimée ou BTC, la terre coulée, la préfabrication, etc.).

Il sera plus intéressant, de ce fait, de véhiculer l'image d'un matériau avant-gardiste et innovant, plutôt qu'un simple retour à des techniques anciennes.

Le dossier pour l'inscription de l'« Art et traditions de bâtir en terre » est actuellement en attente sur la liste des dossiers prioritaires de l'Unesco. Cependant, et face aux menaces qui pèsent sur lui, tant humaines, naturelles, économiques que technologiques (disparition des pratiques traditionnelles de conservation, séismes et inondations, urbanisation, matériaux et techniques modernes de construction, etc.), il est urgent que la procédure d'inscription sur la liste du patrimoine culturel et immatériel de l'Unesco s'accélère. Cela ne devra pas s'arrêter là. Ce sera même un début qui donnera une impulsion décisive pour une réflexion universelle et, espérons-le, dans la durée.

Bibliographie :

· BERENBACH N., *Construire en terre crue aujourd'hui : vers un développement local et durable*, ENSA Paris-Val de Seine, 2019.

· CERKAS, Centre du patrimoine mondial de l'Unesco, CRAterre-EAG, *Manuel de conservation du patrimoine architectural en terre des vallées présahariennes du Maroc*, 2004.

· CHATELOT P., « La construction en terre crue : Techniques modernes », *Construction durable : Agir aujourd'hui*, décembre 2024.

· Direction du patrimoine culturel, ministère de la Culture, Maroc « Fiche : Savoir et savoir-faire liés à l'architecture de terre », soumise à l'Unesco pour inscription sur la liste du patrimoine immatériel, 2022.

· HARRAK R., *The Architectural Future is Already Taking Shape in the Cultural Heritage Past: Contemporary Architect and Artisan Builder: Between Exchange and Innovation*, Joussour, novembre 2024.

· HARRAK R., *Gestion du Patrimoine culturel marocain et Développement durable : entre réalités et ambitions*, Joussour, novembre 2023.

· HERQUE S., *La terre crue : un matériau traditionnel et d'avenir*, ENSA Nancy, 2020.

· HUBERT G., *Architecture de terre : histoire, culture et société*, École doctorale n° 454, Sciences de l'homme, du politique et du territoire, université Pierre-Mendès-France, Grenoble, mai 2007.

Therefore, it is more pertinent to present the image of an avant-garde, innovative material, rather than a full return to ancient techniques.

The "Art of Earthen Building" application is currently pending on the UNESCO priority list. However, considering the human, natural, economic, and technological threats it faces (the disappearance of traditional conservation practices, earthquakes and floods, urbanization, modern building materials and techniques, etc.), there is an urgent need to speed up its inclusion on UNESCO's list of intangible cultural heritage. But it shouldn't stop there; it should be a true starting point that will spark a profound and – let's hope – long-lasting global reflection.

Bibliography:

· *Berenbach, Nicolas. "Construire en terre crue aujourd'hui : vers un développement local et durable." ENSA Paris-Val de Seine, 2019.*

· *CERKAS, UNESCO, CRATerre-EAG, Guillaud, Hubert, Moriset, Sébastien, Boussalh, Mohamed.* Manuel de conservation du patrimoine architectural en terre des vallées présahariennes du Maroc. *CRATerre-EAG, 2004.*

· *Chatelot, P. "La construction en terre crue : techniques modernes." In* Construction durable : agir aujourd'hui, *2024.*

· *Direction du Patrimoine Culturel, Ministère de la Culture/ Maroc. "Fiche : savoir et savoir-faire liés à l'architecture de terre," submitted to UNESCO for inscription on the Intangible Heritage List, 2022.*

· *Guillaud, Hubert. "Architecture de terre : histoire, culture et société." PhD diss., École doctorale n°454, Sciences de l'homme, du politique et du territoire, Université Pierre-Mendès-France, Grenoble, 2007.*

· *Harrak, Rabiaa.* The Architectural Future is already taking shape in the Cultural heritage past: Contemporary Architect and Artisan Builder: Between Exchange and Innovation. *Joussour, 2024.*

· *Harrak, Rabiaa.* Gestion du Patrimoine culturel marocain et Développement durable : Entre réalités et ambitions. *Joussour, 2023.*

· *Herque, Sophie. "La terre crue : un matériau traditionnel et d'avenir." Bachelor's dissertation, Architecture Nancy, 2020.*

1 - Ce protocole instaure plusieurs actions à entreprendre, par les départements ministériels concernés, au niveau législatif, juridique, réglementaire, normatif et technique.

2 - Ministère de l'Inclusion économique, de la Petite Entreprise, de l'Emploi et des Compétences.

3 - Notamment, le ministère de la Culture et la Direction du patrimoine culturel.

4 - Initié par le ministère de l'Aménagement du Territoire national, de l'Urbanisme, de l'Habitat et de la Politique de la ville, ce programme constitue une opportunité historique pour l'apprentissage et la transmission du savoir-faire lié à l'architecture en terre : chantier-école par excellence.

5 - Site internet de l'Unesco.

6- À condition de la préserver et valoriser.

7- La transition écologique n'est pas qu'une nécessité environnementale, c'est aussi un enjeu économique majeur.

8 - Utilisant seulement 3 % de l'énergie nécessaire à une construction en béton.

1 - This memorandum outlines a series of actions to be taken by the relevant ministries at the legislative, legal, regulatory, normative, and technical levels.

2- Ministry of Economic Inclusion, Small Businesses, Employment, and Skills.

3 - In particular, the Ministry of Culture and the Directorate of Cultural Heritage.

4 - Initiated by the Ministry of National Territory Planning, Land Planning, Housing and City Policy, this program represents a historical opportunity for the apprenticeship and sharing of skills related to earthen architecture: a training worksite par excellence.

5 - UNESCO's website.

6 - Provided it is preserved and promoted.

7 - The ecological transition is not just an environmental necessity, it's also a major economic challenge.

8 - It uses just 3% of the energy required for concrete construction.

المقام الأوّل تضافر الجهود بين القطاعات الوزاريّة المعنيّة، إضافةً إلى إشراك القطاع الخاصّ، والمجتمعات المحلّية. فما يجب تنفيذه في مجال التعمير وإعداد التراب الوطنيّ هو إرساء أسس تفكير شامل، عن طريق إدماج التراث المعماريّ ضمن مسار التنمية المستدامة، والتشجيع على البناء بالتراب. وبوسع المنظّمات التابعة للدولة أن تنخرط على نطاق واسع في مسار إعادة بناء الهندسة المعماريّة المغربيّة المستقبليّة ، وتضطلع بدور قياديّ فيه ؛ ويكون ذلك على سبيل المثال، من خلال إقرار طلبيّات لتشييد مبان نموذجيّة بواسطة الموادّ الترابيّة، تخصّص للمؤسّسات الوطنيّة (متاحف، مراكز التعريف بالتراث، مقارّ عامّة، وما إلى ذلك..). ويتوجّب بعد ذلك تشجيع القطاع الخاصّ على مزيد الاستثمار في مجال تصميم هذه الهندسة المعماريّة الترابيّة، من خلال بناء المنشآت الخاصّة (فنادق، وبيوت الشباب، وبنوك، وأبراج ومراكز تسوق...). وينبغي كذلك، توعية المجتمعات المحلّية بأهميّة وثراء هذا النمط من الهندسة المعماريّة، مع تمكينهم في الوقت نفسه من استعادة هذا الشعور بالانتماء الثقافيّ والهويّة، الذي تنشئه في الأفراد هذه المعرفة العمليّة غير الملموسة التي ما تزال حيّة بيننا رغم كل ما حدث لها

انطلاقاً من هذا المنظور، يُعدّ دور المهندسين المعماريّين والمهندسين أمراً أساسيّاً لا غنىً عنه، في ما يتّصل بعلاقتهم مع كبار الحرفيين، من أجل صياغة رؤية مبتكَرة لهندسة معماريّة مستقبليّة، تستمدّ هويّتها من الماضي التراثيّ للمغرب. إنّ ما يتميّز به التراب من خصائص مميّزة يخوّل له أن يكون مادّة ذات مصدر حيويّ، يلائم على وجه الخصوص متطلّبات البناء المستدام. فبالإضافة إلى خاصيّة الاستدامة في التراب، نذكر كذلك دوره في الاقتصاد الاجتماعيّ، ومكانته في التحوّل البيئيّ (بفضل بصمته الكربونيّة الممتازة)، ومقاومته بشكل خاصّ للقوى الزلزاليّة، وتوفيره إمكانات كبيرة للابتكار (من قبيل الأساليب الجديدة كالطوب الترابي المضغوط (BTC)، والتراب المصبوب، والبناء المسبق الصنع ، وما إلى ذلك...)

بناءً عليه، سيكون من المفيد جدّاً نشر صورة ترويجيّة لمادة طليعيّة ومبتكَرة، بدلاً من الاكتفاء بمجرّد العودة إلى التقنيات القديمة

إنّ ملفّ تسجيل «فنّ وتقاليد البناء بالتراب» مدرج حاليّاً على قائمة الانتظار الخاصّة بالملفّات ذات الأولويّة لدى اليونسكو. ومع ذلك، وبالنظر إلى التهديدات التي تثقل كاهله، سواء أكانت بشريّة أم طبيعيّة أم اقتصاديّة أم تكنولوجيّة (انقراض ممارسات الحفاظ التقليديّة، والزلازل والفيضانات، والتوسّع الحضريّ، وموادّ وتقنيات البناء الحديثة، وما إلى ذلك..)، فمن الحتميّ تسريع إجراءات التسجيل في قائمة اليونسكو للتراث الثقافيّ وغير الماديّ. ولا ينبغي أن يتوقّف هذا المسعى عند هذا الحدّ. بل إنّ تسجيل هذا الملفّ ليس إلّا بداية ستُحدث اندفاعة حاسمة لإرساء حركة تفكير عالميّ في هذا المجال، وكلّ الأمل، أن تستمرّ على المدى الطويل

---

1 نصّت هذه المذكّرة على عدة إجراءات يتعيّن على المصالح الوزارية المعنيّة القيام بها، على المستويات التشريعي والقانوني والتنظيمي والمعياري والتقني

2 وزارة الإدماج الاقتصادي والمقاولة الصغرى والتشغيل والكفاءات

3 وعلى وجه الخصوص وزارة الثقافة، ومديريّة التراث الثقافي

4 يشكّل هذا البرنامج الذي أطلقته وزارة إعداد التراب الوطني والتعمير والإسكان والسياسة الحضريّة، فرصة تاريخية للتعلّم ونقل المعرفة المرتبطة بالعمارة الترابية: فهو ورشة مدرسية بامتياز

5 موقع اليونسكو

6 بشرط المحافظة عليها وتثمينها

7 إنّ التحوّل البيئيّ ليس مجرد ضرورة بيئيّة فحسب، بل هو رهان اقتصادي كبير كذلك

8 لا يستخدم سوى 3% فقط من الطاقة اللازمة لبناء الخرسانة

Bibliographie :

- *BERENBACH N., Construire en terre crue aujourd'hui : vers un développement local et durable, ENSA Paris-Val de Seine, 2019.*
- *CERKAS, Centre du patrimoine mondial de l'Unesco, CRAterre-EAG, Manuel de conservation du patrimoine architectural en terre des vallées présahariennes du Maroc, 2004.*
- *CHATELOT P., « La construction en terre crue : Techniques modernes », Construction durable : Agir aujourd'hui, décembre 2024.*
- *Direction du patrimoine culturel, ministère de la Culture, Maroc « Fiche : Savoir et savoir-faire liés à l'architecture de terre », soumise à l'Unesco pour inscription sur la liste du patrimoine immatériel, 2022.*
- *HARRAK R., The Architectural Future is Already Taking Shape in the Cultural Heritage Past: Contemporary Architect and Artisan Builder: Between Exchange and Innovation, Joussour, novembre 2024.*
- *HARRAK R., Gestion du Patrimoine culturel marocain et Développement durable : entre réalités et ambitions, Joussour, novembre 2023.*
- *HERQUE S., La terre crue : un matériau traditionnel et d'avenir, ENSA Nancy, 2020.*
- *HUBERT G., Architecture de terre : histoire, culture et société, École doctorale n° 454, Sciences de l'homme, du politique et du territoire, université Pierre-Mendès-France, Grenoble, mai 2007.*

فنّ البناء بالتراب: من المحلّي إلى العالميّ

أو كيف يحاول المغرب إنقاذ هذه المعرفة العمليّة

ربيعة حرّاق

سعياً إلى الحفاظ على تراث المغرب المعماريّ وتثمينه، أبرمت الدولة المغربيّة سنة 2021 مذكّرة تفاهم لتعزيز التدخّلات داخل المدن القديمة. وفي هذا السياق، أنجز قطاع التكوين المهنيّ دراسة تستدعي الاهتمام (2023-2024)، بالتشاور مع جميع الجهات المعنيّة، وتتعلّق بـ«تحديد الاحتياجات من المهارات الكميّة والنوعيّة في مجال ترميم المدن القديمة وإعادة تأهيل التراث المعماريّ المغربيّ». لقد مكّنت هذه الدراسة من تحديد الاحتياجات ذات الصلة بالمهارات في مجال الترميم المعماريّ، ووضع خطّة تدريبيّة متوسطة المدى لتلبية هذه الاحتياجات. وكان برنامج تثمين «القصور» و«القصبة» الذي وصل إلى مرحلته الثانية (2025-2030)، قد سبق له أن عرّف خلال مرحلته الأولى (2015-2022) «الكنوز البشريّة الحيّة (كبار الحرفيّين/ امْعَلِم)» في مجال حماية التراث المعماريّ. ومن شأن هذا التحديد أن يكمل على أحسن وجه المبادئ التوجيهيّة لهذه الخطة التكوينيّة، من خلال بعث برنامج للتعلّم بالتناوب بين العمل والدراسة يستفيد منه الشبّان، وذلك بفضل نقل المعرفة وفقاً للمقاربة التقليديّة ولكن الفعّالة، القائمة على ثنائيّة معلم/متعلم. فمن خلال الاشتغال على ترميم المباني والآثار باستخدام تقنيات الأجداد، ينقل كبار الحرفيّين المعارف الضاربة في القِدم، ويعيدون العمارة المغربية التقليدية بريقها القديم، بفضل الجمع بين الإبداع الفنيّ والمعرفة العمليّة التقنيّة

إنّ هذا الاهتمام المتزايد بالتراث المعماريّ المبنيّ بالتراب، دفع الدولة المغربيّة على المستوى الدولي، إلى إدراج مشروع إعداد ملفّ تسجيل بعنوان «فنّ وتقاليد البناء بالتراب» على القائمة التمثيليّة للتراث الثقافيّ غير الماديّ لليونسكو سنة 2022. وقد تطوّر مفهوم «التراث الثقافيّ» في العقود الأخيرة، فلم يعد يقتصر على «الآثار ومجموعات القطع الأثريّة»، كما تشير لوائح اليونسكو. فهذا المفهوم يشمل أيضاً «التقاليد أو أشكال التعبير الحيّة الموروثة عن أسلافنا والمنقولة إلى أحفادنا: التقاليد الشفهيّة، وفنون الأداء، والممارسات الاجتماعيّة، والطقوس والمناسبات الاحتفاليّة، والمعارف والممارسات المتعلّقة بالطبيعة والكون». ومن البديهيّ طبعاً، أن يكون الفنّ والخبرة العمليّة في ممارسة البناء جزءاً من التراث الثقافيّ

وسيتمّ تقديم هذا الملفّ بالاشتراك مع عدّة دول عربيّة. وهكذا سيساهم هذا الملفّ في رفع مستوى الوعي على نطاق واسع بأهميّة الصيانة والنقل، والانخراط في الحوار الثقافيّ، وتأمين تسليط الضوء على هذا الجانب من التراث غير الماديّ، مع التأكيد على الترابط بين هذه الممارسات والتنمية المستدامة. إنّ الهندسة المعماريّة الترابيّة في المغرب كنز ثقافيّ حقيقيّ، صمد في شجاعة أمام اختبار الزمن. وهو يجسّد من الآن فصاعداً جسراً ثقافيّاً نحو المستقبل المعماريّ للمغرب، المستمَر على أكمل وجه

إنّ انتشار مادّة «التراب» على نطاق واسع في جميع أنحاء المغرب، قد جعل الناس يستخدمونه في البناء على مدار قرون عديدة. فهو يمثّل أحد أكثر التعبيرات أصالةً، عن اندماج الإنسان في بيئته، من خلال إنجاز بناء نموذجيّ مستدام باستخدام الموارد المتاحة محليّاً والقليلة الكلفة. ويُعدّ قصر آيت بن حدو، الواقع بالقرب من ورزازات، توليفةً مثاليّةً للهندسة المعماريّة الترابيّة في جنوب المغرب، فهو يقدّم بانوراما كاملة لهذه التقنيات والمعرفة العمليّة. ويمكننا أن نذكر على وجه الخصوص إجراءات إعداد طلاءات محدّدة (اختيار الموادّ، الخليط، مدّة التخمير، وما إلى ذلك...)، والهيكل الداعم (التراب المدكوك، والجدران المصنوعة من الطوب الترابي المقولب، وما إلى ذلك...)، والأسقف، والتفاصيل المعماريّة المكثّفة مع الهندسة المعماريّة التقليديّة (قواعد حجريّة، وإطارات الفتحات، و«قبّعات» متدلّية على قواعد التمثال، مصنوعة من التراب والقصب، ومزاريب مطليّة بالجير أو صِباغة «التدلاكة»، وما إلى ذلك...). وقد تمّ إدراج هذا القصر في قائمة التراث العالمي منذ عام 1987، وهو رمز للدراية الجماعيّة وممارسات الأجداد، والمعرفة العمليّة التي احتفظ بها المعلمون (كبار الحرفيّين)، الذين أمّنوا نقلها من جيل إلى جيل. إنّه بمثابة ذاكرة ما تزال حيّة للمجتمع، وسكّانه، وتنظيمهم الاجتماعي وحياتهم اليوميّة. وعلى حدّ قول ج. تيرنر فإنّ «مادّة البناء ليست مثيرة للاهتمام في حدّ ذاتها، ولكن لما يمكن أن تقدّمه للمجتمع». وعلى هذا الأساس، ذكّرت اليونسكو بأنّ: «أهميّة التراث الثقافيّ غير الماديّ لا تكمن في التمظهرات الثقافيّة نفسها، بقدر ما تكمن في الثروة التي تجسّدها المعرفة العمليّة والدراية التي يقع تناقلها من جيل إلى آخر»

إنّ هذه المعرفة تتيح إنشاء مبان جديدة مثلما تتيح كذلك ترميم أو صيانة أو إصلاح أو إعادة بناء المباني والمعالم التاريخيّة القائمة. وسواء أتعلّق الأمر بمنازل مغربيّة تقليديّة بسيطة أم بقصور ومعالم أثريّة مبنيّة بالتراب، فإنّ إتقان هذه المعرفة يتطلّب عقوداً من التكوين والخبرة. وغالباً ما تقتضي أعمال الترميم والصيانة مشاركة السكان المحليّين، لاسيما في ما يتّصل ببناء الجدران والأسقف التي تتطلّب مشاركة يد عاملة كبيرة العدد. ومن شأن ذلك أن يعزّز التعاون والتماسك المجتمعيّ، ويجسّم الوظيفة الاجتماعيّة المرتبطة بهذا النوع من البناء

مع ذلك، فإنّ هذا الإرث يخضع لما يعيشه المجتمع من تطوّر تعرّض عواقبه رأس المالِ الثقافيّ الذي راكمته أجيال وأجيال للمخاطر، وتهدّد بانقراض العديد من الروائع المعماريّة. لقد جعل التحديث عمليّة النقل عمليّة عسيرة، وعشوائيّة، ومهملة من قبل المجتمعات المحلّية. فرغم ما تقدّمه هذه المعرفة من مزايا اجتماعيّة واقتصاديّة وبيئيّة، فإنّها آخذة في الانقراض شيئاً فشيئاً

تسجيل في قائمة التراث غير الماديّ، ولكن ماذا بعد؟

إلى جانب خطّة تكوين الحرفيّين الشبّان المذكورة أعلاه، فإنّ الاعتراف بهذه المعرفة و«الحفاظ المتكامل» لها يجب أن يصاحبهما في

DU REBUT AU BÂTI

LA TERRE, UN MATÉRIAU DE CONSTRUCTION CIRCULAIRE PAR EXCELLENCE

RABIA CHAREF
Architecte - Chercheuse

Je suis née et j'ai grandi au Maroc dans une maison en terre, entourée de la chaleur de ses murs et de leur respiration au gré des saisons. Ces murs nous gardaient au frais pendant les étés brûlants et au chaud pendant les hivers rigoureux. En arrivant en France, je me suis retrouvée dans un monde où dominaient le béton et l'acier. En tant qu'architecte, j'ai conçu pendant des années des hôpitaux, des maisons de soins et des logements collectifs, en me souciant de leur coût, de leur fonctionnalité et de leur beauté, mais sans jamais songer à leur fin de vie.

C'est en Angleterre, entourée par la beauté des architectures de briques, que ma carrière a pris un nouveau tournant. En quittant la pratique architecturale pour le milieu universitaire, j'ai développé un intérêt pour l'économie circulaire, me demandant non seulement comment les bâtiments sont construits, mais comment ils évoluent et trouvent une nouvelle vie au-delà de leur vocation initiale. Ce cheminement m'a incitée à me pencher sur les principes de l'économie circulaire et m'a éclairée sur la fin de vie des bâtiments en me donnant une vision plus globale. Finalement, ma quête sur la circularité m'a ramenée à la terre et aux souvenirs de mon enfance. Tout au long de ce parcours, j'ai fait la connaissance d'architectes et de maçons remarquables qui entretiennent un lien profond et respectueux envers les matériaux de construction, et dont le principe directeur consiste à utiliser les matériaux disponibles autour d'eux et à adapter leur conception à ces matériaux, et non le contraire. Ce qui était autrefois considéré comme un rebut sur les sites d'excavation est soudain devenu, à mes yeux, le matériau le plus pertinent et le plus durable pour notre avenir.

L'économie circulaire est un système régénératif qui vise à limiter la quantité de déchets, à prolonger le cycle de vie des ressources et à concevoir des produits destinés à être réutilisés, réparés et recyclés. En cela, elle s'oppose à l'approche linéaire «prendre – fabriquer – jeter», en intégrant les matériaux dans un cycle de réutilisation et en réduisant leur impact sur l'environnement. En tant que matériau de construction, la terre incarne parfaitement ces principes. C'est une ressource locale, qui nécessite très peu de transformation et qui peut être réutilisée à l'infini. Elle peut être remodelée avec de l'eau, être coffrée à nouveau sans énergie supplémentaire et retourner à la nature sans produire de déchets. Cependant, afin de tirer pleinement parti du pouvoir régénératif de la terre, celle-ci doit rester pure. La tentation est grande de la stabiliser avec du ciment ou de la chaux, mais cette solution, bien que pratique, perturbe sa réversibilité naturelle. La terre à l'état brut n'a besoin que d'eau pour être modelée, moulée ou compactée, ce qui permet aux bâtiments de surgir, de se transformer et de se désagréger dans la terre sans utiliser d'énergie. La terre n'est pas un vestige du passé. Elle est une solution et un matériau d'avenir, et nous devrions l'utiliser comme tel dans le monde entier.

Outre leur caractère intrinsèquement circulaire, les bâtiments en terre offrent plusieurs autres avantages. En régulant

FROM WASTE TO WALLS

WHY EARTH IS THE ULTIMATE CIRCULAR BUILDING MATERIAL

RABIA CHAREF
Architect - Researcher

Born in a house made of earth, I spent my childhood surrounded by the warmth of its walls, the way they breathed through the seasons, keeping us cool during the hot Moroccan summers and warm during the harsh winters. When I left for France, I entered a world dominated by concrete and steel. For years, as an architect, I designed hospitals, care homes, and collective housing, concerned with their cost, functionality, and beauty, but I never thought about their end-of-life.

It was in England, surrounded by the beauty of brick architecture, that my career reached a turning point. Transitioning from practice to academia, I shifted my focus toward circular economy, questioning not just how buildings were made, but how they endure, adapt, and find a new life beyond their initial purpose. This path, led me to its principles, enlightening me on the buildings' end-of-life and giving me a more holistic view. Ultimately, my quest for circularity brought me back to earth and my childhood memories. Throughout my journey, I have met some incredible architects and masons who have a deep and respectful relationship with construction materials, guided by the principle of using materials available around them and adapting their design to the materials; not the other way around. What was once considered "waste" in excavation sites suddenly became, to me, the most logical and sustainable material for our future.

The circular economy is a regenerative system that minimizes waste, extends resource lifecycles, and designs products for reuse, repair, and recycling. It opposes the linear "take-make-dispose" model by closing material loops and reducing environmental impacts. Earth, as a construction material, embodies these principles perfectly. It is locally sourced, requires minimal processing, and can be endlessly reused. It can be reshaped with water, reformed without energy, and returned to nature without waste. Yet to fully exploit the regenerative power of the earth, it must remain pure. The temptation to stabilize it with cement or lime may seem practical, but this disrupts its natural reversibility. In its raw form, earth requires only water to reshape, mold, or compact it, allowing buildings to emerge, transform, and dissolve into the earth without the input of energy. Earth is not just a relic or material of history, it is a solution and the material of the future, therefore we should use it on a global scale.

In addition to their intrinsic circularity, earthen buildings offer several other benefits. They naturally regulate temperature and humidity, creating comfortable indoor environments and reducing energy consumption, as they can be entirely reused or returned to the earth without pollution.

Unlike concrete, which consumes new resources and generates CO_2 emissions, earth breathes in a continuous cycle of use and renewal, offering an essential circular solution in an era of planetary fragility. Where the construction industry relentlessly extracts, the land reclaims its rights. Excavated soil, so often considered waste, has the potential to become the very structure of our buildings, reducing resource depletion while eliminating the need for new raw materials. This is especially crucial at a time when the world is facing an alarming shortage of sand and gravel, key components of concrete. This shift will make earthen architecture a practical solution to population growth, global warming, and resource depletion.

naturellement la température et l'humidité, ils créent un environnement intérieur confortable. Ils réduisent aussi la consommation d'énergie, car ils peuvent être entièrement réutilisés ou retourner à la terre sans polluer.

À la différence du béton, qui consomme de nouvelles ressources et génère des émissions de CO_2, la terre s'inscrit dans un cycle continu d'utilisation et de renouvellement, offrant ainsi une solution circulaire essentielle à une époque où la planète est fragilisée. Là où le secteur de la construction extrait sans relâche, la terre reprend ses droits. La terre excavée, si souvent considérée comme un rebut, peut devenir la matière même de nos bâtiments, et ainsi atténuer l'épuisement des ressources tout en évitant d'avoir recours à de nouvelles matières premières. Cela est particulièrement important à une époque où le monde est confronté à une pénurie alarmante de sable et de gravier qui sont des composants essentiels du béton. Ce changement fera de l'architecture de terre une solution pratique face à la croissance démographique, au réchauffement climatique et à l'épuisement des ressources.

Outre leur potentiel pour l'économie circulaire, les bâtiments en terre possèdent une esthétique unique qui plaît aux architectes d'avant-garde. Parmi les acteurs de cette renaissance figure Wang Shu, l'architecte chinois qui a remporté le prix d'architecture Pritzker pour sa capacité à intégrer des techniques et des matériaux traditionnels dans des formes modernes. Tout aussi novatrice, l'architecte allemande Anna Heringer est réputée pour ses pratiques durables et son profond respect des techniques et des matériaux locaux. Son travail est animé par une conscience écologique, mais également par un engagement profond en faveur des communautés et de leur autonomisation. Ce ne sont là que quelques figures reconnues de l'architecture de terre, mais bien d'autres architectes et constructeurs y ont contribué de manière significative, souvent dans l'ombre et sans grande reconnaissance. C'est le cas de L'Orangerie à Lyon, un bâtiment achevé en 2020 qui témoigne de l'intégration harmonieuse du pisé dans les paysages urbains modernes.

Ces édifices sont particulièrement remarquables et démontrent que la terre est un matériau non seulement valable, mais essentiel à la construction contemporaine, car elle est à la fois durable et belle.

La construction en terre nécessite toutefois une transformation profonde des mentalités, un changement de paradigme impliquant toutes les parties prenantes. Le commanditaire devra opter pour une vision à long terme en prévoyant un retour harmonieux à la terre du bâtiment en fin de vie. Les architectes devront concevoir leurs bâtiments en tenant compte de cette fin de vie. Ils devront aussi adapter leur conception afin d'être en harmonie avec le matériau et le site. En tant que véritables gardiens de ce savoir, les maçons devront être impliqués en amont du processus, car eux seuls savent comment s'approvisionner et travailler le sol local. L'utilisation d'un matériau terre standardisé n'est pas pertinente. Tous ces défis font partie du savoir-faire des constructeurs, qui devront s'adapter à la diversité des sols, à l'endroit du chantier. Les habitudes de gestion de projet seront également bousculées, car une variété d'acteurs inhabituels, tels que des maçons, des chercheurs ou encore des spécialistes de l'économie circulaire, participeront à la prise de décision. En outre, la construction en terre favorisera les économies locales, puisqu'elle réduira la dépendance à l'égard des matériaux importés coûteux et qu'elle soutiendra les artisans et les ingénieurs locaux[1]. Contrairement au

Beyond their circular economy potential, earthen buildings also have this unique aesthetic that forward-thinking architects often love to work with. Among those driving this revival is Wang Shu, the Chinese architect who won the Pritzker Architecture Prize for his ability to integrate traditional materials and techniques into modern forms. Equally groundbreaking is the German architect, Anna Heringer, renowned for her sustainable practices and deep respect for local materials and techniques. Her work is not only driven by environmental consciousness but also by a strong commitment to community engagement and empowerment. These are just a few recognized figures in earthen architecture, but countless other architects and builders make significant contributions, often quietly, and without much recognition. This is the case of the building L'Orangerie in Lyon, France, completed in 2020, which stands as a testament to the seamless integration of rammed earth into modern urban landscapes.

These buildings, however, speak volumes, existing as proof that earth is not just viable but essential in contemporary construction, providing both durability and beauty. However, building with earth requires a fundamental transformation in mindset, a paradigm shift involving all stakeholders.

The client can embrace a long-term vision including the graceful return of the building to the earth at the end of its life. Architects must design their buildings with their end-of-life in mind. They need to adapt their design to be in harmony with the material and the site. Masons, the true guardians of this knowledge, must be involved from the beginning of the design process, because they alone know how to source and work with the local soil. It is not relevant to use a standardized earthen material. Those challenges are part of the builders' know-how who must adapt to different kinds of soils, depending on the location. Common project management rules are shaken up and a variety of unusual actors are participating in decision-making, such as masons, researchers, and circular economy specialists. Moreover, earthen construction also promotes local economies by reducing reliance on expensive imported materials while supporting local artisans and engineers.[1] In contrast to concrete, which is controlled by large multinational corporations, earthen construction empowers small businesses and local communities.[2]

Breaking Barriers and Building the Future

Yet, despite its undeniable benefits, the path to the mainstream adoption of earthen construction is not without obstacles. Long-standing perceptions, regulatory frameworks, and logistical challenges pose obstacles to integrating earth into modern building practices. Most building codes in many countries remain rigidly biased toward industrial materials, leaving little room for earth-based techniques. Beyond perception and policy, practical challenges must also be addressed. Unlike prefabricated concrete, earthen materials require on-site processing, longer drying times, and a shift in project timelines. In dense urban areas, sourcing sufficient local soil and allocating space for preparation can be constraints. Furthermore, in many countries, insurance companies remain skeptical about earthen construction mainly due to a lack of historical data, regulatory gaps, and misconceptions about durability. Indeed, insurers rely on standardized risk assessments, which often exclude earth, since it is not widely documented in modern policies. Many perceive it as fragile, despite its proven resilience.

To address this, regulations must evolve, empirical data must be gathered, and insurers must be educated on the benefits of earthen construction. Formal recognition of earthen materials in national building codes can legitimize and guide their use.

béton, qui est dominé par de grandes multinationales, la construction en terre crée des opportunités pour les petites entreprises et les communautés locales[2].

Lever les obstacles pour construire l'avenir

Pourtant, malgré les avantages indéniables de la construction en terre, le chemin vers son adoption par le plus grand nombre est jalonné d'obstacles. Des préjugés tenaces, son absence des cadres réglementaires et des défis d'ordre logistique constituent des obstacles à son intégration dans les pratiques de construction modernes. Dans la plupart des pays, les codes de construction s'en tiennent rigoureusement aux matériaux industriels, ce qui laisse peu de place aux techniques utilisant la terre. Au-delà des questions de perception et de politique, d'autres défis pratiques doivent également être relevés. Contrairement au béton préfabriqué, les matériaux terre doivent être transformés sur place, les temps de séchage sont plus longs, ce qui modifie les calendriers des projets. Dans les milieux urbains densément peuplés, l'approvisionnement en terre locale en quantité suffisante et l'attribution d'espace pour sa préparation peuvent devenir contraignants. De plus, dans de nombreux pays, les compagnies d'assurances se montrent sceptiques à l'égard de ces constructions, principalement en raison d'un manque de données historiques, de lacunes réglementaires et de préjugés sur leur longévité. En effet, les assureurs s'appuient sur des modèles standardisés d'évaluation des risques, qui excluent souvent la terre, car elle n'est pas suffisamment documentée dans les polices d'assurance modernes. La plupart des compagnies la perçoivent comme un matériau fragile, malgré sa résilience avérée.

Pour lever ces obstacles, les réglementations doivent évoluer, des données empiriques doivent être collectées et les assureurs doivent être sensibilisés aux avantages de la construction en terre. L'intégration officielle des matériaux terre dans les codes de construction nationaux peut les rendre plus légitimes et servir de guide à leur utilisation. Les politiques de marchés publics devraient refléter ce changement, en donnant la priorité aux constructions en terre dans les projets publics, afin de montrer l'exemple. La recherche et l'innovation doivent encourager la modernisation des techniques traditionnelles, en démontrant que la terre peut répondre aux exigences contemporaines de construction sans pour autant renoncer à son intégrité écologique et culturelle. La formation aussi doit jouer un rôle central. Les architectes, les ingénieurs et les maçons doivent être formés à utiliser la terre non pas comme un matériau empreint de nostalgie, mais comme une solution ingénieuse, polyvalente et tournée vers l'avenir.

Néanmoins, ce changement est déjà en cours. Certains pays, comme la France et l'Allemagne, montrent le chemin en adaptant leur réglementation à la construction en terre. D'autres, comme le Maroc, doivent encore leur emboîter le pas, mais cette dynamique prend de l'ampleur. Une campagne nationale de sensibilisation pourrait mettre en évidence le potentiel inexploité de la terre en valorisant ses possibilités esthétiques et fonctionnelles dans l'architecture moderne. En outre, mettre en valeur les structures contemporaines en terre, sensibiliser les parties prenantes et intégrer ces techniques dans les cursus de formation à l'architecture permettrait de combattre ces préjugés profondément enracinés. Enfin, grâce à une réglementation réfléchie et à une meilleure prise de conscience, la terre pourra passer du statut de matériau négligé à celui de moteur des villes durables de demain.

Public procurement policies should reflect this shift, prioritizing earthen construction in government-funded projects, leading by example. Research and innovation must drive the modernization of traditional techniques, proving that earth can meet contemporary demands without sacrificing its ecological and cultural integrity. Education, too, must play a central role. Architects, engineers, and masons must be trained to work with earth not as a nostalgic material, but as a sophisticated, versatile, and forward-looking solution. Education is essential.

Change, however, is already happening. Some countries, like France and Germany, are paving the way, adapting their regulations to accommodate earthen construction. Others, such as Morocco, have yet to follow, but the momentum is growing. A national awareness campaign could highlight the untapped potential of earth, celebrating its aesthetic and functional possibilities in modern architecture. Moreover, highlighting contemporary earthen structures, educating stakeholders, and integrating these techniques into architectural training could dismantle deep-rooted prejudices. Finally, with thoughtful regulation and increased awareness, earth can transform from a neglected material to a defining force in tomorrow's sustainable cities.

How Morocco Can Lead the Way

While the world searches for sustainable construction solutions, Morocco already possesses the answer within its own architectural heritage. But before it can inspire others, it must first believe in its own strengths. Morocco has everything it needs: the right soil, the ideal climate, and skilled artisans who have inherited the knowledge of working with earth. It has the potential to become a global hub for innovation in earthen construction, a living laboratory where tradition and modernity merge to redefine sustainable architecture.

Earth is not an alternative; it is the inevitable path forward. In places where concrete dominates, it is not a necessity that dictates its use, but misplaced priorities. Concrete, once hailed as the future, will soon be seen as the burden of our cities, much like coal or asbestos before it. The Moroccan government must act now, restoring, innovating, and imposing earthen construction as a national standard. To do so is not merely an architectural choice, it is a moral, ecological, and economic imperative.

Just thirty years ago, earth was still the norm in Morocco. Today, it is disappearing under layers of concrete, marketed as a symbol of modernity. This shift is not organic, it is the result of industrial and societal pressures that equate progress with material transformation. The consequence is a deep misunderstanding of what true progress looks like.

Morocco has a choice: it can continue down the path of unsustainable, industrialized construction, or it can reclaim its legacy, refine its techniques, and set a global example. The world is watching, and the future is waiting. Earth is not just a material, it is a promise of resilience, a blueprint for sustainability, and the foundation upon which we must build the cities of tomorrow.

---

1 - Rabia Charef, «Building with earth could transform sustainable construction — here's how», *The Conversation*, 16 décembre 2024, https://theconversation.com/building-with-earth-could-transform-sustainable-construction-heres-how-245508.

2 - Jean-Claude Morel et al., «Earth as construction material in the circular economy context: practitioner perspectives on barriers to overcome », *Philosophical Transactions of the Royal Society* B 376, no 1834 (2021).

Le Maroc peut jouer un rôle pionnier : voici pourquoi

Alors que le monde est en quête de solutions de construction durables, le Maroc détient déjà la solution dans son propre patrimoine architectural, mais il doit d'abord croire en ses forces avant de pouvoir inspirer les autres. Il possède tous les atouts requis : des sols adéquats, un climat idéal et des artisans compétents ayant hérité du savoir-faire du travail de la terre. Le Maroc peut devenir un pôle mondial d'innovation pour la construction en terre, un laboratoire vivant où tradition et modernité se conjugueront pour redéfinir l'architecture durable.

La terre n'est pas une alternative; elle est une solution incontournable pour aller de l'avant. Là où règne le béton, son utilisation n'a pas été dictée par la nécessité, mais par des priorités mal définies. Autrefois présenté comme une solution d'avenir, ce matériau sera bientôt considéré comme le fardeau de nos villes, au même titre que le charbon ou l'amiante avant lui. Le gouvernement marocain doit agir dès maintenant, restaurer, innover et faire de la construction en terre une norme nationale. Il ne s'agit pas seulement d'un choix architectural, mais encore d'un impératif moral, écologique et économique.

Il y a à peine trente ans, la terre était encore la norme au Maroc. Aujourd'hui, elle disparaît sous les couches d'un béton vanté comme un symbole de modernité. Cette évolution n'est en rien naturelle, elle résulte de pressions industrielles et sociétales qui assimilent le progrès à une transformation matérielle. Cela entraîne un malentendu profond sur la nature réelle du progrès.

Le Maroc est désormais confronté à un choix : poursuivre sur la voie de la construction industrielle non durable, ou bien se réapproprier son héritage, perfectionner ses techniques et montrer l'exemple. Le monde le regarde; l'avenir est devant lui. La terre est bien plus qu'un simple matériau; elle est une promesse de résilience, un modèle de durabilité et le socle sur lequel nous devons bâtir les villes de demain.

---

1 - Charef (2024), Building with earth could transform sustainable construction – here's how, The Conversation, https://theconversation.com/building-with-earth-could-transform-sustainable-construction-heres-how-245508.

2 - Morel et al. (2021), Earth as construction material in the circular economy context: practitioner perspectives on barriers to overcome, Philosophical Transactions of the Royal Society B, https://royalsocietypublishing.org/doi/full/10.1098/rstb.2020.0182.

لهذه المعرفة، لأنّهم وحدهم من يعرفون كيفيّة الحصول على التربة المحلّية، ووحدهم من يتقنون العمل بها. فليس من المناسب استخدام مادّة ترابيّة موحّدة دون مراعاة خصوصيّات الموقع. إنّ هذه التحدّيات هي جزء من خبرة البنّائين الذين يجب عليهم أن يتكيّفوا حسب تنوّع أصناف التربة، وحسب طبيعة الموقع. ونشهد الآن تغيّر قواعد إدارة المشاريع الشائعة، إذ أصبحت مجموعة متنوّعة من الجهات الفاعلة غير التقليديّة تُشارك في صنع القرار، مثل البنّائين والباحثين والمتخصّصين في الاقتصاد الدائريّ. علاوةً على ما ذكرنا، فإنّ البناء الترابيّ يُعزّز الاقتصادات المحلّية، بفضل حدّه من الاعتماد على الموادّ المستوردة الباهظة الثمن، ودعمه الحرفيّين والمهندسين المحلّيين. وعلى نقيض الخرسانة التي تسيطر عليها الشركات الكبرى المتعدّدة الجنسيّات، فإنّ البناء الترابيّ يدعم تمكين الشركات الصغيرة والمجتمعات المحلّية

كسر الحواجز لبناء المستقبل

ومع ذلك، وعلى الرغم من فوائد البناء الترابيّ التي لا يمكن إنكارها، فإنّ الطريق إلى اعتماده على نطاق واسع لا تخلو من العقبات. فالتصوّرات الراسخة والأطر التنظيميّة والتحدّيات اللوجستيّة تعيق عمليّة دمج التراب في ممارسات البناء الحديثة. وما تزال معظم قوانين البناء في العديد من البلدان منحازةً شديد الانحياز إلى الموادّ الصناعية، فلا تسمح إلاّ بمجال ضيّق أمام التقنيات القائمة على استخدام التراب. وإلى جانب التصوّرات والسياسات، ينبغي كذلك حسن التعامل مع التحدّيات العمليّة. فعلى عكس الخرسانة الجاهزة، تتطلّب الموادّ الترابيّة القيام بعمليّات التركيب في الموقع نفسه، وتقتضي أوقات تجفيف أطول، ووضع جداول زمنيّة أطول لإتمام المشروع. وقد يصطدم الحصول على تربة محلّية كافية وتخصيص مساحة للتحضير في المناطق الحضريّة الكثيفة، إكراهات وقيوداً. وبالإضافة ذلك، ما تزال شركات التأمين في كثير من البلدان غير واثقة في البناء الترابيّ، ويرجع ذلك أساساً إلى نقص البيانات التاريخيّة، والثغرات التنظيميّة، والمفاهيم الخاطئة في ما يتعلّق بمتانة هذا البناء. وفي الحقيقة، إنّ شركات التأمين تعتمد على تقييمات المخاطر الموحّدة التي غالباً ما تستبعد التراب، لأنّه غير موثّق على نطاق واسع في السياسات الحديثة. ويرى الكثيرون أنّ التراب مادّة هشّة، على الرغم من مرونته المشهود بها

بناءً على ذلك، ينبغي لمعالجة هذه الوضعيّة، تطوير اللّوائح، وجمع البيانات التجريبيّة، وتوعية شركات التأمين بمزايا البناء الترابيّ. فالاعتراف الرسميّ بالموادّ الترابيّة في قوانين البناء الوطنيّة يمكن أن يضفي طابع الشرعيّة على استخدامها ويوجّهه إلى الوجهة الصحيحة. ويجب أن تعكس سياسات المشتريات العامّة هذا التحوّل، عن طريق إعطاء الأولويّة للبناء الترابيّ في المشاريع المموّلة من الحكومة حتى تمثّل قدوة حسنة لبقيّة القطاعات. ومن الضروريّ كذلك أن يساهم البحث والابتكار مساهمة فعّالة في دفع عجلة تحديث التقنيات التقليديّة، من أجل إثبات أنّ التربة قادرة على تلبية المتطلّبات المعاصرة دون التضحية بسلامتها البيئيّة والثقافيّة. ويجب أن يلعب التعليم دوراً محوريّاً هو أيضاً. وينبغي تدريب المهندسين المعماريّين والمهندسين والبنّائين على العمل مع التراب لا بوصفه موادّ تثير الحنين، بل باعتباره حلاًّ متطوّراً ومتعدّد الاستخدامات وموجّهاً للمستقبل. فالتعليم أمر ضروريّ لا غنى عنه. ويجب تدريب المهندسين المعماريّين والمهندسين والبنّائين على استخدام التربة كمادّة حديثة ومتعدّدة الاستخدامات

رغم هذه المُعيقات جميعاً، فإنّ التغيير جارٍ بالفعل. فبعض الدول، مثل فرنسا وألمانيا، تمهّد الطريق أمام استخدام البناء الترابيّ، من خلال تكييف أنظمتها لتلائم هذا النمط من البناء. في المقابل، فإنّ دولاً أخرى، مثل المغرب، لم تسلك هذا المسلك بعد، لكنّ الزخم في تزايدٍ مطّرد. وفي هذا السياق، يمكن لحملة توعية وطنيّة أن تُسلّط الضوء على الإمكانات غير المستغَلّة للتراب، فتحتفي بإمكاناته الجماليّة والوظيفيّة في العمارة الحديثة. زد على ذلك، فإنّ تسليط الضوء على الهياكل الترابيّة المعاصرة، وتثقيف الجهات المعنيّة، ودمج هذه التقنيات في التدريب المعماريّ، يمكنه أن يُبدّد الأحكام المسبقة الراسخة في الأذهان. ونشير أخيراً إلى أنّ بوسع التراب، إذا ما توفّر التنظيم المدروس وزيادة الوعي، أن يتحوّل من مادّة مهملة إلى قوّة محدّدة في مدن الغد المستدامة

المغرب قادر على الريادة: وإليكم السبب.

في حين يبحث العالَم عن حلول بناء مستدامة، فإنّ المغرب يمتلك الحلّ فعلاً، وهو كامن في تراثه المعماريّ. ولكن قبل أن يتسنّى له أن يُلهم الآخرين، يجب عليه أوّلاً أن يؤمن بنقاط قوّته. فالمغرب بحوزته كلّ ما يُحتاج إليه في البناء الترابيّ : التربة المناسبة، والمناخ المثاليّ، والحرفيّون المهرة الذين ورثوا خبرة البناء باستخدام التراب. لذلك فلدى المغرب القدرة على أن يصبح مركزاً عالميّاً للابتكار في البناء الترابيّ، وأن يغدو مختبراً حيّاً تندمج فيه التقاليد والحداثة سعياً إلى إعادة تعريف العمارة المستدامة

على هذا النحو، يتبيّن لنا أنّ التربة ليست بديلاً؛ بل هي الطريق الحتميّ الذي لا بدّ من السير فيه للمضيّ قُدُماً. وإذا أمعنّا النظر في المناطق التي هيمنت عليها الخرسانة، أدركنا أنّها لم تهيمن لأنّ الضرورة هي التي فرضت استخدامها، بل لأنّ ترتيب الأولويّات كان خاطئاً. فالخرسانة التي كانت تُعتبر في ما مضى حاملةَ لواء المستقبل، سيُنظر إليها قريباً بوصفها عبئاً على مدننا، تماماً مثلما كان الحال مع الفحم أو الأسبست من قبل. فما على الحكومة المغربيّة إلاّ أن تتحرّك الآن، فتبادر إلى الترميم والابتكار، وتفرض البناء الترابيّ باعتباره معياراً وطنيّاً. والحقّ أنّ القيام بذلك ليس مجرّد خيار معماريّ؛ بل هو ضرورة أخلاقيّة وبيئيّة واقتصاديّة

فقبل ثلاثين عاماً فقط، كان التراب ما يزال هو معيار البناء السائد في المغرب. أمّا اليوم، فهو بصدد التلاشي تحت طبقات من الخرسانة التي يُسوّق لها على أنّها رمز للحداثة. إنّ هذا التحوّل ليس تحوّلاً طبيعيّاً، بل هو نتيجة ضغوط صناعيّة ومجتمعيّة تماهي بين التقدّم والتحوّل المادي. والنتيجة التي أفضى إليها هذا التصوّر هي نشر سوء فهم عميق لمعنى التقدّم الحقيقيّ

أمام المغرب اليومَ خياران: إمّا أن يواصل السير على درب البناء الصناعيّ غير المستدام، أو أن يستعيد تراثه، ويُحسّن تقنياته، ويُقدّم مثالاً عالميّاً يُحتذى به. إنّ العالَم يراقب، والمستقبل ينتظر. والتراب ليس مجرد مادّة، بل هو وعد بالمرونة، ونموذج للاستدامة، والأساس الذي يجب أن نشيّد عليه مدن الغد

---

1 *Charef (2024), Building with earth could transform sustainable construction – here's how, The Conversation, https://theconversation.com/building-with-earth-could-transform-sustainable-construction-heres-how-245508*

2 *Morel et al. (2021), Earth as construction material in the circular economy context: practitioner perspectives on barriers to overcome, Philosophical Transactions of the Royal Society B, https://royalsocietypublishing.org/doi/full/10.1098/rstb.2020.0182*

من النفايات إلى الجدران

ربيعة شارف

لماذا يُعدّ التراب مادّة البناء الدائريّة بامتياز؟

وُلدتُ في بيت من التراب، وقضيتُ طفولتي محاطةً بدفء جدرانه، فقد كانت توفّر لنا التهوية على مدار الفصول، إذ تنعشنا في صيف المغرب الحارّ، وتمنحنا الدفء في شتائه القارس. وعندما غادرتُ المغرب إلى فرنسا، وجدت نفسي في عالَم يسيطر عليه الخرسانة والفولاذ. وأمضيت هناك سنوات عديدة أعمل مهندسةً معماريّةً، فوضعت تصاميم لمستشفيات ودور رعاية ومساكن جماعيّة كثيرة، وكنت أولي اهتمامي إلى تكلفتها ووظيفتها وجمالها، لكنّني لم أفكّر يوماً في نهاية عمرها الافتراضي

في إنجلترا، عرفت مسيرتي المهنيّة نقطة التحوّل حين وجدت نفسي في قلب جمال العمارة الطوبيّة. فبالانتقال من الممارسة العمليّة إلى المجال الأكاديميّ، حوّلتُ تركيزي نحو الاقتصاد الدائريّ، وصرت أتساءل لا عن كيفيّة بناء المباني فقط ، بل عن أمور أخرى تتعلّق بديمومتها وتكيّفها وتمكينها من حياة جديدة تتجاوز غرضها الأصليّ أيضاً. لقد قادني هذا المسار إلى مبادئ الاقتصاد الدائريّ، وأطلعني على قضيّة نهاية عمر المباني، ومنحني رؤية أكثر شموليّةً. وإذا بسعيي نحو الدائريّة يعيدني في نهاية المطاف، إلى التراب وإلى ذكريات طفولتي. فخلال رحلتي إلى إنجلترا، التقيتُ بمهندسين معماريّين وبنّائين رائعين، تربطهم علاقة وطيدة بموادّ البناء قوامُها احترامُ هذه الموادّ انطلاقاً من مبدأ استخدام الموادّ المتاحة حولهم، وتكييفُ تصاميمهم وفق ما يلائم تلك الموادّ. وليس العكس. فما كان يُعتبر سابقاً «نفايات» في مواقع الحفر، أصبحتُ أنظر إليه فجأةً على أنّه المادّة الأكثر منطقيّةً واستدامةً لمستقبلنا

إنّ الاقتصاد الدائريّ هو نظام متجدّد يخفّض من حجم النفايات، ويطيل دورة حياة الموارد، ويدفع إلى تصميم منتجات قابلة لإعادة الاستخدام، والترميم، وإعادة التدوير. وهو قائم على معارضة نموذج «الاستخراج-التصنيع-التخلّص» الخطّي، عن طريق إغلاق حلقات الموادّ والحدّ من الآثار البيئيّة. إنّ التراب بوصفه مادّة بناء، يجسّد هذه المبادئ على أكمل وجه. فمصدره محلّيّ، ولا يتطلّب إلّا حدّاً بسيطاً من المعالجة، ويمكن إعادة استخدامه إلى ما لا نهاية له. وإنّ بالإمكان إعادة تشكيله بالماء، وترميمه دون استخدام أيّ مصدر للطاقة، وإعادته إلى الطبيعة دون أن يخلّف أيّ نفايات. مع ذلك، وحتى يتسنّى الاستفادة الكاملة من قدرته التجديديّة، فيجب أن يظلّ نقيّاً. فقد يُغرينا تثبيته بالإسمنت أو الجير إذ تبدو هذه العمليّة إجراءً عمليّاً، لكنّ القيام بذلك يُعطّل قابليّته الطبيعيّة للعكس. فالتراب لا يحتاج وهو في حالته الخام، إلّا إلى الماء لإعادة تشكيله أو قولبته أو ضغطه، ممّا يسمح للمباني بالظهور والتحوّل والذوبان في التراب دون الحاجة إلى استعمال مصدر طاقيّ. والتراب ليس مجرّد أثر من آثار التاريخ، بل هو حلّ ومادّة صالحة للمستقبل كذلك. ونحن بحاجة إلى استخدامه على نطاق عالميّ.

وعلاوةً على الطابع الدائريّ الذي يميّز المباني الترابيّة، فإنّها تُقدّم مزايا أخرى عديدة أيضاً. فهي تُنظّم درجة الحرارة والرطوبة بشكل طبيعيّ دون استعمال أيّ مصدر طاقيّ، ممّا يُوفّر بيئة داخليّة مريحة، ويُقلّل من استهلاك الطاقة، إذ يُمكن إعادة استخدامها بالكامل أو إعادتها إلى الأرض دون إحداث أيّ مظهر من مظاهر التلوّث

وعلى نقيض الخرسانة التي تستهلك موارد جديدة وتولّد انبعاثات ثاني أكسيد الكربون، يتنفّس التراب في دورة متواصة من الاستخدام والتجدّد، وهو بذلك يمنحنا حلاًّ أساسيّاً مستداماً في عصر هشاشة كوكب الأرض. ففي حين يقتلع قطاع صناعة البناء الموارد بلا هوادة، تستعيد الأرض حقوقها. فالتربة المحفورة التي تُعتبر في كثير من الأحيان مجرّد نفايات، لديها القدرة على أن تصبح أساس مبانينا، ومن شأن ذلك أن يحدّ من استنزاف الموارد مع الاستغناء عن الحاجة إلى موادّ خام جديدة. وقد ازداد هذا الأمر أهمّيّة في زمننا هذا الذي صار فيه العالَم يواجه نقصاً مقلقاً في الرمل والحصى، وهما مكوّنان أساسيّان للخرسانة. إنّ هذا التحوّل سيجعل من عمارة التراب حلاًّ عمليّاً للمشاكل المتعلّقة بالنموّ السكانيّ، والاحتباس الحراريّ، واستنزاف الموارد

وإلى جانب ما توفّره المباني الترابيّة من إمكانات اقتصاديّة دائريّة، تتميّز أيضاً بهذه الجماليّة الفريدة التي غالباً ما وقع المهندسون المعماريّون ذوو التفكير المستقبليّ في عشقها. ونذكر من بين روّاد هذا التجديد وانغ شو، المهندس المعماريّ الصينيّ الحائز على جائزة بريتزكر للهندسة المعماريّة، تثميناً لقدرته على دمج الموادّ والتقنيات التقليديّة في الأشكال الحديثة. ولا تقلّ عنه ريادةً المهندسةُ المعماريّةُ الألمانيّة آنا هيرينغر، التي ذاع صيتها بفضل ممارساتها المستدامة واحترامها العميق للموادّ والتقنيات المحلّيّة. ولا يوجّه عملَها الوعيُ البيئيُّ فحسب، بل ينبع كذلك من التزامها الراسخ بتشريك المجتمع وتمكينه. إنّ هذين العَلَمين اللّذين ذكرتهما ليسا في الحقيقة إلّا مثالين فحسب، فما أكثر الشخصيّات المرموقة في مجال عمارة التراب، كما إنّ عدداً لا يُحصى من المهندسين المعماريّين والبنّائين الآخرين يُقدّمون مساهمات قيّمة، وغالبا ما كان ذلك في صمت ودون أن ينالوا تقديراً يُذكر. وهذا هو حال مبنى «لورانجيري» في مدينة ليون بفرنسا، الذي اكتمل بناؤه سنة 2020، وهو يمثّل شاهداً على الاندماج السلس للبناء الترابيّ المدكوك في المناظر الطبيعيّة الحضريّة الحديثة

ورغم عدم إيلاء الفاعلين في عمارة التراب حقّ قدرهم، فإنّ هذه المباني تُعبّر أبلغ التعبير، إذ تُثبت أنّ التراب ليس قابلاً للحياة فقط ، بل هو أساسيّ في البناء المعاصر، لقدرته على توفير الديمومة والجمال. ومع ذلك، فإنّ البناء بالتراب يشترط وقوع تحوّل جذريّ في العقليّات، وحدوث نقلة نوعيّة تُشرك جميع الفاعلين المتدخّلين

ويمكن للعميل أن يتبنّى رؤية طويلة المدى، تتضمّن التخطيط لعودة المبنى إلى التراب برشاقة وتناغم في نهاية عمره الافتراضيّ. بناءً عليه، يجب على المهندسين المعماريّين تصميم مبانيهم مع الأخذ بعين الاعتبار نهايةَ عمرها الافتراضيّ. فعليهم تكييف تصاميمهم حتى تتلاءم مع مادّة البناء والموقع. وينبغي عليهم إشراك البنّائين منذ أن يشرعوا في عمليّة التصميم، ذلك أنّ البنّائين هم الحُماة الحقيقيّون

SOUS LE BÉTON, LA TERRE OUBLIÉE

ALIA BENGANA
Architecte-Chercheuse

Au Maroc comme en Afrique, le vacarme des chantiers emplit l'air, résonne dans les vallées, longe les côtes. Marteaux-piqueurs, bétonnières, pelleteuses creusent, coulent, érigent. L'urbanisation avance comme une vague de ciment, recouvrant les paysages d'un gris uniforme.

Le béton est partout. Matière du pouvoir, de l'expansion, du contrôle. Il incarne l'avenir, ou plutôt l'illusion d'un avenir figé, solidifié dans l'accumulation. Son emprise est totale, non seulement sur l'architecture, mais sur l'imaginaire lui-même, modelé par des décennies d'industrialisation et d'uniformisation des techniques de construction[1].

Dans son ouvrage intitulé *L'architecture naturelle*[2], le célèbre architecte japonais Kengo Kuma consacre le premier chapitre au béton : « Aucun autre matériau n'a autant exprimé le [XXe] siècle. Le béton a façonné les villes, les États et la culture. Et aujourd'hui encore il règne sur nos vies. [...] Les grands axes du XXe siècle furent l'internationalisme et la mondialisation. Il fallait unifier le monde par une seule technique. C'est le béton qui l'a rendu possible. » L'architecte parle en connaissance de cause : le Japon, son pays natal, a longtemps voué une passion intense au béton armé, se plaçant parmi les plus grands pays consommateurs de béton par habitant, avant d'être finalement dépassé par la Chine au XXIe siècle.

Dans les écoles d'architecture et d'ingénierie, on n'enseigne plus que lui. La terre crue, qui fut le socle des habitations et des villes pendant des millénaires, a quasiment disparu des savoirs transmis. Reléguée au rang de curiosité folklorique, elle n'existe plus que dans la mémoire des anciens artisans, dans les fissures des kasbahs abandonnées, dans les villages en pisé que l'on regarde comme des vestiges, au lieu d'y voir une source vivante de possibles.

Pourtant, un tiers de l'humanité vit encore dans des constructions en terre, une proportion qui atteint plus de la moitié dans les pays de l'hémisphère sud[3] La terre crue est un matériau aux multiples atouts : disponible en abondance, peu énergivore, recyclable à l'infini, et aux performances thermiques et hygrométriques incomparables[4]. Parmi les techniques les plus anciennes et toujours utilisées, on trouve l'adobe, la bauge, le pisé et le torchis. Mais malgré ces qualités, la terre a été reléguée au second plan par le béton, principalement pour des raisons industrielles et normatives[5]. La montée en puissance du béton s'est accompagnée d'un effacement des savoir-faire ancestraux, et les nouvelles réglementations ont progressivement écarté les matériaux naturels au profit des solutions standardisées et industrialisées[6].

Accumuler de la matière, effacer la mémoire

Le béton repose sur un assemblage de granulats, de ciment et d'eau. La production mondiale de ciment est responsable à elle seule de 8 % des émissions de gaz à effet de serre[7], soit trois fois plus que l'ensemble du trafic aérien. Initialement perçu comme un matériau éternel et surnommé à tort pierre coulée, il se révèle vulnérable lorsqu'il est associé au fer. Exposé aux intempéries, l'acier des armatures se corrode, provoque des fissures et fragilise les ouvrages, nécessitant un entretien constant, dont l'impact économique est souvent négligé au moment de la conception. Contrairement à la

UNDER THE CONCRETE, THE FORGOTTEN EARTH

ALIA BENGANA
Architect-Researcher

In Morocco, just like everywhere else in Africa, the din of construction sites fills the air, resonates in the valleys, and ripples along the coasts. Jackhammers, cement mixers, and excavators dig, pour, and erect. Urbanization sweeps the landscape like a wave of cement, covering it in a uniform gray.

Concrete is everywhere. A material of power, expansion, and control, it embodies the future, or rather the illusion of a frozen future, cemented in accumulation. Its dominance is total, not only in architecture, but also in shaping people's imaginations through decades of industrialization and standardization.[1]

In his essay entitled "Natural Architecture" [2] *renowned Japanese architect Kengo Kuma devotes the first chapter to concrete: "No other material has expressed the [twentieth] century so well. Concrete has shaped cities, states and culture. Today, it still rules our lives. [...] The main trends of the twentieth century were internationalism and globalization. The world had to be unified by a single technique. And concrete made that possible." The architect speaks from experience as his native Japan has long had a strong passion for reinforced concrete, ranking it among the world's largest consumers of concrete per inhabitant, before eventually being overtaken by China in the twenty-first century.*

Architecture and engineering schools no longer teach anything but concrete. Raw earth, which has been the ruling material of homes and towns for millennia, has all but disappeared from the knowledge base. Relegated to the status of a folkloric curiosity, this craft survives only in the memories of old artisans and in the cracks of abandoned kasbahs, as well as in the rammed earth villages that we treat as relics instead of recognizing them as a living source of possibilities.

And yet, a third of humanity still lives in earthen buildings, and the proportion rises above half in countries of the southern hemisphere.[3] *Among the earliest techniques, still in use today, are adobe, cob, rammed earth, and daub. Raw earth is a material with multiple assets: widely available, energy-efficient, infinitely recyclable, and with unrivaled thermal and hygrometric qualities.*[4] *But despite all these aspects, earth has been overshadowed by concrete, mainly for industrial and normative reasons.*[5] *The rise of concrete has seen the erosion of ancestral skills, while new regulations have gradually sidelined natural materials in favor of more standardized, industrialized solutions.*[6]

Accumulating Matter, Erasing Memory

Concrete is made from a combination of aggregate, cement, and water. Cement production accounts for 8% of global greenhouse gas emissions,[7] *three times as much as air travel. Initially considered an everlasting material and erroneously referred to as cast stone, it has proved vulnerable when combined with iron. When exposed to the elements, steel frames corrode, crack, and weaken buildings, requiring ongoing maintenance. This economic cost is often overlooked during the design phase. Unlike stone or raw earth – which can be endlessly reused – reinforced concrete turns into inert waste at the end of its lifecycle. This is the first construction material in history that can't be easily dismantled and reused, doomed to end up in a landfill, buried, or, at best, crushed in an effort to be integrated into new construction.*

The obsession with concrete is not just a matter of technical preference, it stems primarily from economic logic, a way of accumulating, and of leaving a tangible trace in space – building

pierre ou à la terre crue, qui peuvent être réutilisées à l'infini, le béton armé en fin de vie devient un déchet inerte. C'est le premier matériau de l'histoire de la construction qui ne peut être aisément déconstruit et réemployé, condamné à finir en décharge, enfoui ou, au mieux, broyé pour tenter d'intégrer un nouveau cycle.

L'obsession du béton ne relève pas seulement d'un choix technique. Elle est avant tout une logique économique, une manière d'accumuler, de laisser une trace tangible dans l'espace. Bâtir, toujours plus, toujours plus haut, toujours plus dense. Comme le souligne la professeure de géographie Armelle Choplin, le béton est un monde en gris[8], un empire de la matière qui se déploie sans retenue, alimenté par les grandes industries du ciment et de l'acier.

Le béton imprime une empreinte forte sur le territoire, mais paradoxalement, il efface tout ce qui l'a précédé. Une fois coulé, il recouvre les savoirs anciens, les ensevelit sous ses couches compactes. Là où il s'installe, il ne laisse plus de place à d'autres manières de bâtir, de penser, d'habiter.

Quand les plages disparaissent sous le béton

Mais ce béton ne s'invente pas de lui-même. Il se nourrit du sol, dévore les paysages pour s'ériger en structures rigides. Chaque immeuble, chaque route, chaque pont est le résultat d'une extraction massive.

Le sable, en particulier, est l'un des grands sacrifiés de cette industrie. On le prélève des plages, des rivières, des fonds marins, on le vole à la mer et aux vents. Des littoraux disparaissent, rongés par l'érosion, là où l'industrie du bâtiment a puisé jusqu'à la dernière poignée de grains[9].

Le tourisme lui-même se mord la queue : les hôtels construits face à la mer ont souvent été bâtis avec le sable même qui bordait ces rivages, condamnant les côtes à s'effondrer sous la pression des vagues.

Et pourtant, le système continue, aveugle aux effondrements qu'il engendre. Comme l'écrit Nelo Magalhães, le béton est une logique d'accumulation, une manière de rendre visible le capital, de l'ancrer dans l'espace en le figeant[10]. Ce qui compte, ce n'est pas la durabilité, mais la production, le cycle infini de destruction et de reconstruction qui maintient en vie l'économie du ciment.

Un séisme, une faille, une opportunité

Le béton fige tout, sauf les secousses du monde. Le terrible séisme du Haut Atlas marocain, en septembre 2023, a révélé une autre facette de cette rigidité : celle d'un bâti inadapté, vulnérable, incapable d'absorber les secousses comme le faisaient les architectures traditionnelles. Un discours s'est vite imposé : les maisons en terre seraient responsables de la catastrophe. Mais cette condamnation est injuste. Ce ne sont pas les techniques anciennes qui ont échoué, mais leur abandon, leur négligence, leur mélange maladroit avec des ajouts en béton trop lourds, trop rigide[11]. Un mur en pisé bien construit ne s'effondre pas si facilement. Il plie, il amortit, il vibre avec la terre au lieu de la combattre.

Réapprendre à bâtir avec la terre

Alors, maintenant que les autorités réfléchissent à la reconstruction, une question essentielle se pose : faut-il répéter les erreurs du passé et reconstruire en dur, ou repenser le bâti en s'inspirant des savoir-faire ancestraux, adaptés aux contraintes sismiques et climatiques ?

Salima Naji, architecte et anthropologue marocaine, restaure, soigne, transmet. Son travail de préservation et de réhabilitation du patrimoine en terre au Maroc démontre

more, building higher, building more densely. As geography professor Armelle Choplin points out, concrete is a world of gray[8], an empire of unbridled matter fueled by the cement and steel industries.

Concrete leaves a strong imprint on the landscape, but paradoxically obliterates everything that preceded it. Once cast, it shrouds ancient knowledge, burying it under its compact layers. Wherever it settles, there is no space for any other way of building, thinking, or living.

When Beaches Disappear under Concrete

However, concrete doesn't invent itself, it feeds on the soil and devours landscapes to form rigid structures. Every building, every road, every bridge is the outcome of massive extraction.

Sand, particularly, suffers the most from this industry. We extract it from beaches, rivers, and the seabed; we steal it from the sea and the wind. Coastlines are disappearing, consumed by erosion, where the construction industry has extracted every last grain of sand.[9]

Tourism itself is caught in a vicious circle: Hotels by the sea are often built from the very sand that used to line the shore, dooming the coastline to collapse under the pressure of the waves.

And yet, blind to the destruction it causes, the system goes on. As Nelo Magalhães wrote, concrete is the logic of accumulation, a way of displaying capital, anchoring it in space by petrifying it.[10] What counts is not sustainability, but production, the endless cycle of destruction and reconstruction that keeps the economy of cement running.

An Earthquake, a Fault, an Opportunity

Concrete petrifies everything, except the tremors of the world. The terrible earthquake in the Moroccan High Atlas in September 2023 exposed another facet of this rigidity – inadequate, vulnerable buildings, unable to absorb tremors as traditional architecture did. It didn't take long for a statement to emerge: Earthen houses were to blame for the tragedy. But this condemnation was unfair. Old techniques have not failed, but rather their abandonment, their neglect, and their inappropriate mixing with too heavy, too rigid concrete additions.[11] When properly built, a rammed earth wall doesn't collapse so easily. It bends, absorbs shock, and vibrates with the earth rather than resisting it.

Relearning the Art of Building with Earth

As officials contemplate how to rebuild, a crucial question arises: Should we repeat the mistakes of the past and rebuild in the same way? Or should we rethink our construction methods, drawing on ancestral skills adapted to seismic and climatic conditions?

Moroccan architect and anthropologist Salima Naji restores, heals, and passes on skills. Her preservation and rehabilitation work with Morocco's earthen heritage proves that combining tradition and innovation is possible. She strives to revitalize villages built of rammed earth, adobe, or stone, to enable residents to regain control of their homes while integrating modern techniques to ensure sustainability and resilience to climatic hazards.[12] She gives a new voice to rammed-earth walls, raw-earth masonry and vaults, and traditional wooden frameworks. She believes that preserving our heritage is not enough; we need to reactivate these techniques and revive them in the hands of today's artisans and builders.[13]

Aziza Chaouni, another devoted Moroccan architect, is reinventing earthen architecture with a resolutely modern approach that addresses today's challenges. Aware of the vulnerability of traditional buildings to earthquakes, she explores innovative techniques to make this ancestral material compliant with modern requirements for safety, comfort, and sustainability. Her earthquake-resistant prototype house in the High Atlas[14] proves that raw earth, when used with the right processes, can meet the most rigorous standards while remaining a local, environmentally

qu'il est possible de conjuguer tradition et innovation. Elle s'attache à revitaliser des villages en pisé, en adobe ou en pierre, à redonner aux habitants la maîtrise de leur habitat tout en intégrant des techniques modernes pour assurer la durabilité et la résistance aux aléas climatiques[12]. Elle redonne une voix aux murs de pisé, aux maçonneries et aux voûtes de terre crue, aux charpentes traditionnelles en bois. Pour elle, il ne suffit pas de conserver le patrimoine : il faut réactiver les gestes, faire vivre ces techniques dans les mains des artisans et des bâtisseurs d'aujourd'hui[13].

Ainsi, Aziza Chaouni, une autre architecte marocaine engagée, réinvente l'architecture en terre à travers une approche résolument contemporaine et adaptée aux défis actuels. Consciente des vulnérabilités des constructions traditionnelles face aux séismes, elle explore des techniques innovantes pour rendre ce matériau ancestral compatible avec les exigences modernes de sécurité, de confort et de durabilité. Son prototype de maison antisismique dans le Haut Atlas[14] démontre que la terre crue, lorsqu'elle est mise en œuvre avec des procédés adaptés, peut répondre aux normes les plus strictes tout en restant un matériau écologique et local. Haouz House[15] s'appuie sur l'usage de briques de terre compressée, montées sans mortier pour améliorer leur résistance aux secousses, tout en optimisant les qualités thermiques et hygrométriques du matériau. Ce travail lui a valu une reconnaissance internationale, avec le World Monuments Fund Watch Award en 2024 et le Prix de l'impact de l'Institut du monde arabe.

Au-delà de leur valeur architecturale, ces logements s'inscrivent dans une réflexion plus large sur les modèles de reconstruction et d'habitat durable en milieu rural au Maroc. En intégrant des solutions adaptées aux contextes locaux, comme la gestion écologique des eaux usées et l'utilisation de matériaux disponibles sur place, Aziza Chaouni cherche à développer des alternatives réalistes et reproductibles, capables de redonner aux habitants un rôle actif dans la fabrication de leur propre cadre de vie. Son travail illustre ainsi une architecture qui conjugue innovation et savoir-faire vernaculaire, ancrée dans le territoire et tournée vers l'avenir.

Ce type d'initiative n'est plus si marginal et le matériau terre bénéficie, depuis quelques années, d'un regain d'intérêt certain auprès d'une nouvelle génération d'architectes qui porte un regard plus critique que ses aînés sur le tout béton. Mais tant que les écoles continueront d'enseigner uniquement le béton, la lutte devra se poursuivre. Il est urgent de changer notre regard sur la terre crue, de créer de nouveaux imaginaires et des architectures résolument tournées vers l'avenir. L'architecture ne doit plus être perçue comme un simple outil de développement économique standardisé, mais comme un véritable levier de transformation culturelle et écologique. Comment envisager un autre avenir si les futurs architectes n'ont jamais appris à construire autrement ? Tant que la terre crue n'aura pas sa place dans les cursus universitaires, dans les réglementations, dans les commandes publiques, elle restera un matériau d'exception au lieu d'être une alternative crédible qui peut être appliquée à une échelle beaucoup plus grande qu'on l'imagine.

friendly material. Haouz House[15] was built using compressed earth bricks, assembled without mortar to improve their resilience to tremors, while optimizing the material's thermal and hygrometric properties. This project has earned her international recognition, including the World Monuments Funds Watch Award in 2024 and the Prix Impact from the Institut du Monde Arabe in Paris.

Beyond their architectural value, these dwellings contribute to a broader reflection on models for reconstruction and sustainable housing in rural Morocco. By incorporating locally relevant solutions, such as ecological wastewater management and the use of readily available materials, Chaouni seeks to develop realistic and reproducible alternatives, restoring the active role that residents had in shaping their own living environment. Her work illustrates a type of architecture that combines innovation and vernacular skills, rooted in the land while looking to the future.

This type of initiative is not so rare anymore. In recent years, earth as a material has enjoyed a revival of interest among a new generation of architects, who are more skeptical than their predecessors of the all-concrete approach. But as long as schools persist in solely teaching concrete, the fight must go on. We urgently need to change our perception of raw earth, to foster new thinking and future-oriented architecture. Architecture must no longer be seen as just a standardized economic development tool, but as a genuine driver of cultural and environmental transformation. How can we envision a different future if future architects are never taught to build in a different way? As long as university programs, regulations, and public orders do not include raw earth, this material will remain an exception rather than a credible alternative that can be implemented on a much larger scale than we think.

1 - Armelle Choplin, *Le béton, un monde en gris : Matérialité, urbanisation et mondialisation*, Rennes, Presses universitaires de Rennes, 2020.

2 - Kengo Kuma, *L'architecture naturelle*, Paris, Arléa Poche, 2020.

3 - CRATerre, *Bâtir en terre aujourd'hui*, Paris, Éditions Alternatives, 2015.

4 - *Ibid.*

5 - *Ibid.*

6 - Nelo Magalhães, « Accumuler de la matière, laisser des traces » , *Terrestres*, 2019.

7 - Johanna Lehne et Felix Preston, F. (2018). *Making Concrete Change: Innovation in Low-carbon Cement and Concrete*, Chatham House – The Royal Institute of International Affairs, 2018, www.chathamhouse.org/2018/06/making-concrete-change-innovation-low-carbon-cement-and-concrete.

8 - Armelle Choplin, *Le béton, un monde en gris, op.cit.*

9 - Duncan Driffort, « L'extraction du sable au Maroc, de la ressource au produit » *Les Cahiers de la recherche architecturale urbaine et paysagère*, 11, 2021, https://journals.openedition.org/craup/7464.

10 - Nelo Magalhães, *Accumuler du béton, tracer des routes : Une histoire environnementale des grandes infrastructures*, Paris, La Fabrique, 2024.

11 - « Séisme au Maroc : les maisons en terre crue critiquées à tort », *Reporterre*, 2023.

12 - Atelier Géminé, Entretien avec Salima Naji, 2024. www.ateliergemine.fr/entretiensalimanaji

13 - Salima Naji, *Architectures du bien commun : Pour une éthique de la préservation*, Genèse, MétisPresses, 2022.

14 - Haouz House a été réalisé en collaboration avec Holcim Lafarge Maroc et l'expert en construction préfabriqué Amine Maachi Haddou. *Haouz House was created in collaboration with Holcim Lafarge Maroc and the expert in modular construction Amine Maachi Haddou.*

15- www.azizachaouniprojects.com/haouz-house

ومع ذلك، تستمرّ المنظومة في عملها، غافلةً عن الانهيارات التي تتسبّب فيها. ومثلما كتب نيلو ماغالهايس، فإنّ الخرسانة تقوم على منطق التراكم، فهي وسيلة لجعل رأس المال مرئيّاً، وتثبيته في الفضاء عن طريق تجميده في شكل مبان. فالأهمّ في المقام الأوّل ليس الاستدامة، بل الإنتاج، وهذه الدورة التي لا نهاية لها من التدمير وإعادة الإعمار التي تحمي اقتصاد الإسمنت وتمدّ في أنفاسه

زلزال، صدع، فرصة

الخرسانة تجمدّ كل شيء ، إلاّ اهتزازات العالَم. فقد كشف الزلزال المروّع الذي ضرب منطقة الأطلس الكبير في المغرب، في شتنبر (سبتمبر) 2023، عن وجه آخر لهذه الصلابة: إذ تجلّى أنّ الخرسانة بناء غير صالح، وهشّ، وغير قادر على امتصاص الصدمات كما تفعل العمارة التقليديّة. ولم يلبث أن ظهر خطاب فرض نفسه بسرعة، أخذ يردّد قائلاً: البيوت الطينيّة هي المسؤولة عن الكارثة. والحقّ أنّ هذه الإدانة غير عادلة. فليست التقنيات القديمة هي التي فشلت، بل قل إنّ التخلّي عنها، وإهمالها، وخلطها الأخرق مع الإضافات الخرسانيّة الثقيلة والجامدة إلى أبعد حدّ، تلكم هي أسباب الفشل. فالجدار المبنيّ جيّداً بالتراب المدكوك لا ينهار بهذه السهولة. بل ينحني، وينكمش، ويهتزّ متفاعلاً مع الأرض بدلاً من محاربتها

إعادة تعلّم البناء بالتراب

لذا، والآن وقد أخذت السلطات تخطّط لإعادة البناء، يبرز سؤال أساسيّ، وهو: هل ينبغي علينا أن نكرّر أخطاء الماضي فنعيد الإعمار باستعمال البناء الصلب، أم يجب أن نعيد النظر في عمليّة البناء ذاتها، مستلهمين مهارات الأسلاف، القادرة على التكيّف مع الإكراهات الزلزاليّة والمناخيّة؟

سليمة ناجي هي معماريّة وعالمة أنثروبولوجيا مغربيّة، ترمّم، وتعالج، وتنقل. فعملها في مجال الحفاظ على التراث الترابيّ في المغرب وإعادة تأهيله، يثبت أنّه من الممكن الجمع بين التقاليد والابتكار. ذلك أنّها تسعى جاهدةً إلى تنشيط القرى المبنيّة من التراب المدكوك، والطوب الترابي المقولب، والحجر، لمنح السكّان القدرة على السيطرة مجدّداً على بيئتهم، مع العمل في الوقت نفسه على دمج التقنيات الحديثة لضمان الاستدامة ومقاومة المخاطر المناخيّة. إنّها تدافع عن الجدران المبنيّة من التراب المدكوك، والأقبية الحجريّة والترابيّة، والهياكل الخشبيّة التقليديّة. ولا يكفي، حسب رأيها، الحفاظ على التراث: بل يجب علينا كذلك إعادة تنشيط الإيماءات، وإحياء هذه التقنيات بجعلها متاحة للحرفيّين والبنّائين في عصرنا الحالي

على هذا المنوال، اتّجهت عزيزة الشاوني، وهي معماريّة مغربيّة أخرى ملتزمة، إلى إعادة ابتكار العمارة الترابيّة من خلال إرساء مقاربة معاصرة في صميمها، تتكيّف مع التحدّيات الحاليّة. فإدراكاً منها لنقاط الضعف التي تشكو منها الإنشاءات التقليديّة لدى مواجهة الزلازل، استكشفت تقنيات مبتكَرة تسعى إلى جعل هذه الموادّ العتيقة متوافقةً مع المتطلّبات الحديثة للسلامة، والراحة، والمتانة. وقد برهن النموذج الأوليّ الذي اعتمدته لمنزل مقاوم للزلازل في الأطلس الكبير، أنّ التراب الخامّ يمكنه إذا استُخدم وفق الإجراءات المناسبة، أن يلبّي المعايير الأكثر صرامةً مع محافظته في الوقت نفسه على خصائصه بوصفه مادّة بيئيّة ومحليّة. وقد اعتمد «منزل الحوز» على استخدام الطوب الترابيّ المضغوط، المثبت بدون ملاط لتعزيز مقاومته للاهتزاز، مع تحسين الخصائص الحراريّة والرطوبة للمادة.

هذا الإنجاز أكسب عزيزة الشاوني شهرة دوليّة، إذ حازت على جائزة الصندوق العالمي للآثار والتراث لعام 2024، وجائزة معهد العالم العربي للتصميم في فئة «أثر»

وإلى جانب القيمة المعماريّة لهذه الوحدات السكنيّة، فإنّها تُعدّ كذلك جزءاً من تفكير أوسع يتناول بالنظر نماذج إعادة الإعمار والإسكان المستدام، داخل المناطق الريفيّة في المغرب. فمن خلال دمج الخيارات البديلة التي تتكيّف مع السياقات المحلّيّة، مثل الإدارة البيئيّة لمياه الصرف الصحيّ، واستخدام الموادّ المتاحة في الموقع، تسعى عزيزة الشاوني إلى تطوير بدائل واقعيّة وقابلة للتكرار، قادرة على إعطاء السكّان دوراً نشطاً مرّة أخرى في خلق بيئة معيشيّة خاصّة بهم. وهكذا، يجسّد عملها هندسةً معماريّةً تجمع بين الابتكار والدراية العامّية، تمدّ جذورها راسخة في المنطقة، وتتّجه نحو المستقبل في الآن ذاته

إنّ هذا النوع من المبادرات لم يعد هامشيّاً جداً على النحو الذي كان عليه من قبل، فقد استفادت المادّة الترابيّة في السنوات الأخيرة، من تجدّد الاهتمام بها لدى جيل جديد من المهندسين المعماريّين الذين أخذوا يلقون على البناء بالخرسانة الكاملة نظرةً أكثر انتقاداً من نظرة زملائهم الأقدم منهم لها. ولكن طالما استمرّت المعاهد في تدريس الخرسانة فحسب، فإنّ النضال سيتواصل. إنّه لمن الملحّ جدّاً أن نغيّر نظرتنا إلى التراب الخام، وأن ننشئ تصوّرات وعمائر جديدة تتوجّه في عزم وإصرار نحو المستقبل. وينبغي علينا أن نكفّ عن اعتبار الهندسة المعماريّة مجرّد أداة بسيطة منمّطة للتنمية الاقتصاديّة، بل يجب أن نتعامل معها بوصفها رافعة حقيقيّة للتحوّل الثقافيّ والبيئيّ. فكيف لنا أن نتصوّر معالم مستقبل آخر، إن لم يتعلّم المهندسون المعماريّون المستقبليّون قطّ، البناء بشكل مختلف؟ وطالما لم يبوّأ التراب الخامّ المكانة الجدير بها في المقرّرات الجامعيّة، واللّوائح، والأنظمة العامّة، فإنّه سيظلّ مادّة استثنائيّة عوض أن يكون بديلاً موثوقًا يمكن تطبيقه على نطاق أوسع بكثير مما نتصوّر

---

1 *Armelle Choplin, Le béton, un monde en gris. Matérialité, urbanisation et mondialisation, Rennes, Presses universitaires de Rennes, 2020.*

2 *Kengo Kuma, L'architecture naturelle, Paris, Arléa Poche, 2020.*

3 *CRAterre, Bâtir en terre aujourd'hui, Paris, Éditions Alternatives, 2015.*

4 المرجع نفسه

5 المرجع نفسه

6 *Nelo Magalhães, « Accumuler de la matière, laisser des traces », Terrestres, 2019.*

7 *Johanna Lehne et Felix Preston, Making Concrete Change: Innovation in Low-carbon Cement and Concrete, Chatham House – The Royal Institute of International Affairs, 2018, www.chathamhouse.org/2018/06/making-concrete-change-innovation-low-carbon-cement-and-concrete.*

8 *Armelle Choplin, Le béton, un monde en gris, op. cit.*

9 *Duncan Driffort, « L'extraction du sable au Maroc, de la ressource au produit », Les Cahiers de la recherche architecturale urbaine et paysagère, 11, 2021, https://journals.openedition.org/craup/7464.*

10 *Nelo Magalhães, Accumuler du béton, tracer des routes. Une histoire environnementale des grandes infrastructures, Paris, La Fabrique, 2024.*

11 *« Séisme au Maroc : les maisons en terre crue critiquées à tort », Reporterre, 2023.*

12 *Atelier Géminé, Entretien avec Salima Naji, 2024. www.ateliergemine.fr/entretiensalimanaji*

13 *Salima Naji, Architectures du bien commun. Pour une éthique de la préservation, Genève, MétisPresses, 2022.*

14 *Haouz House was built in collaboration with Holcim Lafarge Maroc and prefabricated construction expert Amine Maachi Haddou.*

15 *www.azizachaouniprojects.com/haouz-house*

تحت الخرسانة، التراب المنسيّ

عالية بن قانة

في المغرب كما في إفريقيا، يملأ ضجيجُ مواقع البناء الجوّ، ويتردّد صداه في الوديان، على طول السواحل. فآلات ثقب الصخور وخلاطات الخرسانة والحفّارات، لا تكفّ عن الحفر والصبّ والرفع. وحركة التعمير تزحف مثل موجة من الإسمنت، غامرةً المناظر الطبيعيّة بلون رماديّ موحّد

لقد انتشرت الخرسانة في كلّ مكان. إنّها مسألة تتعلّق بالسلطة والتوسّع والسيطرة. فهي تجسّد المستقبل، أو لنقلْ بالأحرى: وهم المستقبل المتجمّد، المتصلّب في التراكم. إنّ تأثيرها كليّ، لا في الهندسة المعماريّة، ولكن في الخيال نفسه الذي شكّلته عقود من التصنيع وتنميط تقنيات البناء

لقد خصّص المهندس المعماريّ اليابانيّ الشهير كينغو كوما الفصل الأوّل من كتابه الموسوم بعنوان «العمارة الطبيعيّة» ، لدراسة الخرسانة، فقال: «لم تعبّر أيّ مادّة أخرى عن طبيعة القرن [العشرين] مثلما عبّرت عنه الخرسانة. فقد شكّلت الخرسانة المدن والدول والثقافة. وهي ما تزال تهيمن على حياتنا إلى يومنا هذا. [...] لقد كانت الأمميّة والعولمة المحوريْن الرئيسيّين للقرن العشرين. ذلك أنّه كان من الضروريّ توحيد العالم بواسطة تقنية واحدة. والخرسانة هي التي جعلت ذلك أمراً ممكناً». لقد تحدّث المهندس المعماريّ هنا، حديثَ العارف بحقائق الأمور: فقد انتشر في موطنه الأصليّ اليابان، منذ فترة طويلة شغفٌ شديدٌ بالخرسانة المسلّحة، مما جعلها تتصدّر أكثر الدول استهلاكاً للخرسانة حسب المعدل الفرديّ، قبل أن تتفوّق عليها الصين أخيراً، في القرن الحادي والعشرين

ففي مدارس الهندسة المعماريّة والهندسة لا يدرّس إلاّ الخرسانة. إنّ التراب الخامّ، الذي كان أساس بناء المنازل والمدن لآلاف السنين، قد اختفى تقريباً من جداول المعارف المتوارثة. إذ تدنّى إلى مرتبة الفضول الفولكلوريّ، وما عاد له من وجود إلاّ في ذاكرة الحرفيّين القدامى، وفي شقوق القصَبات المهجورة، وفي القرى المبنيّة من الطوب الترابيّ المقولب الذي نتعامل معه على أنّه آثار، بدلاً من النظر إليه بوصفه مصدراً حيّاً للإمكانات

مع ذلك، فإنّ ثلث البشريّة ما زال يعيش في مبان ترابيّة، وهي نسبة تصل إلى أكثر من النصف في البلدان الواقعة في نصف الكرة الجنوبي. إنّ التراب الخامّ هو مادة ذات مزايا متعدّدة: فهو متوفّر بكثرة، وذو درجة منخفضة من استهلاك الطاقة، وقابل لإعادة التدوير إلى ما لا نهاية له، وله أداء حراريّ ورطوبيّ لا يضاهى. ونذكر من بين أقدم التقنيات التي ما تزال قيد الاستعمال: الطوب الترابيّ المقولب، والطوب الطينيّ، والتراب المدكوك، والسياع. ولكن على الرغم ممّا يمتاز به التراب من خصال، فإنّ الخرسانة قد تفوّقت عليه فهبطت قيمته إلى درجة ثانويّة مقارنةً بها، ويرجع ذلك إلى أسباب صناعيّة ومعياريّة بشكل رئيسيّ. فقد رافق ظهورَ الخرسانة محوُ خبرة الأسلاف، زد على ذلك أنّ الأنظمة الجديدة قد أدّت شيئاً فشيئاً إلى إزاحة الموادّ الطبيعيّة جانباً، وتعويضها ببدائل منمّطة ومصنّعة

مراكمة المادّة، ومحو الذاكرة

تعتمد الخرسانة على مزيج من الركام والإسمنت والماء. وإنّ إنتاج الإسمنت العالميّ يتسبّب وحده في إنتاج 8% من انبعاثات الغازات الدفيئة، أي ثلاثة أضعاف إجماليّ انبعاثات الحركة الجويّة. في البداية كان يُنظر إلى الخرسانة على أنّها مادّة خالدة وأُطلق عليها خطأً اسم «الحجر المصبوب»، لكنّها لم تلبث أن كشفت عن حقيقة هشاشتها عندما ارتبطت بالحديد. فحديد التسليح معرَّض للتآكل بسبب مواجهته ظروف الطقس السيّئة، ممّا يسبّب التشقّقات ويُضعف الهياكل، وهذا يتطلّب صيانة مستمرّة، غالباً ما يتمّ إهمال تأثيرها الاقتصاديّ لدى وضع التصاميم. وعلى نقيض الحجر أو التراب الخام اللّذين يمكن إعادة استخدامهما إلى ما لا نهاية، فإنّ الخرسانة المسلّحة تصبح في نهاية عمرها الافتراضيّ نفايات خاملة. إنّها أوّل مادّة في تاريخ البناء يتعذّر تفكيكها وإعادة استخدامها بسهولة، إذ يُحكم عليها بأن تنتهي حتماً إلى مكبّ النفايات، أو تدفن، أو أن تُسحق في أحسن الأحوال، أملاً في دمجها داخل دورة جديدة

إنّ الهوس بالخرسانة ليس مجرّد خيار فنيّ. بل هو في المقام الأوّل منطق اقتصاديّ قائم الذات، ووسيلة لتحقيق المراكمة وترك أثر ملموس في الفضاء. يقوم هذا المنطق على الاستمرار في البناء، فدائماً مزيداً من البناء، ودائمًا أعلى، ودائمًا أكثر كثافة. ومثلما يشير إلى ذلك أستاذ الجغرافيا أرميل شوبلن، فإنّ الخرسانة هي عالَم رماديّ، وهي إمبراطوريّة من المادّة تتوسّع دون قيود، وتغذّيها مصانع الإسمنت والفولاذ الكبيرة

من الصفات التي تتّسم بها الخرسانة أنّها تطبع على المنطقة التي تحلّ بها بطابعها الخاص، لكنّها ويا لَلمفارقة، تمحو كلّ ما سبقها. فبمجرّد أن يتمّ صبّها، تغطّي المعارف القديمة، وتدفنها تحت طبقاتها المتراصّة. وحيثما تستقرّ الخرسانة، فإنّها لا تفسح أيّ مجال لاستخدام طرق أخرى في البناء والتفكير والسكن

عندما تختفي الشواطئ تحت الخرسانة

لكنّ هذه الخرسانة لا تنشئ نفسها بنفسها. فهي تعتاش على الأرض، وتلتهم المناظر الطبيعيّة لتنتصب عالياً في هياكل صلبة. وهكذا، فكل مبنى، وكل طريق، وكل جسر هو ثمرة لعمليّة استخراج ضخمة

إنّ الرمل، على وجه التخصيص، هو أحد أكبر ضحايا هذه الصناعة. ذلك أنّه يؤخذ من الشواطئ والأنهار وقيعان البحار، ثم نذروه للبحر والرياح. فتختفي خطوط ساحليّة بأكملها، وتتآكل بفعل التعرية، أينما غاصت صناعة البناء إلى الأعماق تستخرج آخر حفنة من حبيبات الرمل

إنّ السياحة نفسها قد خرّبت بيتها بيديها: فالفنادق المشيّدة في مواجهة البحر غالباً ما تكون مبنيّة بالرمال ذاتها التي تحدّ هذه الشواطئ، ممّا يحكم على السواحل بالانهيار بفعل ضغط الأمواج

RÉINVENTER LA TERRE CRUE

TROIS EXPÉRIENCES MAROCAINES DANS LES ANNÉES 1960

NADYA ROUIZEM
Architecte - Maître de conférence

Le Maroc a été, depuis le début du XXe siècle, un lieu d'expérimentations architecturales et urbaines basées sur des hybridations matérielles et techniques, dont l'un des exemples les plus connus est la reconstruction d'Agadir par les architectes modernistes de « l'École de Rabat »[1].

Cependant, une partie de la scène architecturale marocaine des années 1960 reste encore largement méconnue. Dans le contexte de post-indépendance, l'État marocain répond à la pénurie de logements économiques par la construction de milliers de logements sociaux en terre crue, réalisés par un ingénieur français et un architecte belge, qui ont modernisé le matériau, l'outillage et l'organisation des chantiers. Ces coopérants européens se sont approprié les savoir-faire anciens transmis par la tradition vernaculaire, et les ont rationalisés grâce à de nouvelles techniques.

Ces deux maîtres d'œuvre sont Alain Masson (1927-2013), ingénieur français diplômé des Ponts et Chaussées, recruté en 1961 comme coopérant pour diriger la Direction des Travaux Publics de Marrakech, et Jean Hensens (1929-2006), architecte belge, qui rejoint le ministère de l'Habitat en 1962. Ils réalisent ensemble trois projets de logements sociaux en terre à Marrakech, Ouarzazate et Berkane, dont le premier est à l'époque « le plus vaste ensemble urbain contemporain construit dans ce matériau »[2].

Ces expérimentations ont révélé les savoirs locaux, tout en transmettant des techniques d'industrialisation de la construction, dans le contexte particulier de la décolonisation et de l'émergence de mouvements de retour vers le vernaculaire.

Figure 01 : L'unité 3 de Daoudiate vers 1965, fonds Alain Masson, Archives du Maroc, Rabat.

La modernisation du matériau et de sa mise en œuvre

En 1962, la direction des Travaux Publics de Marrakech entreprend la construction d'une première tranche de sept cents logements économiques, dans le quartier Daoudiate, au nord de la ville, pour reloger des habitants de logements insalubres. Alain Masson propose de construire cet habitat en blocs de terre compressée, une décision motivée par l'origine de la main-d'œuvre. En effet, en 1961, un organisme est créé au Maroc pour employer la main-d'œuvre non qualifiée dans des chantiers publics : c'est la Promotion nationale, qui avait pour objectif de lutter contre l'exode rural. Les rapports successifs du service des travaux publics décrivent précisément les étapes de déroulement du chantier, avec photos à l'appui, en insistant sur « l'industrialisation », puisque la plupart des éléments des logements sont préfabriqués en béton, comme les cadres des portes et fenêtres, les sanitaires, les couronnements des murs, et la toiture[3].

Dans la tradition constructive qui emploie la brique de terre crue, celle-ci est désignée par le mot « adobe », qui vient du mot arabe toubia ou toub. Le bloc de terre compressé,

REINVENTING RAW EARTH

THREE MOROCCAN EXPERIENCES IN THE 1960s

NADYA ROUIZEM
Architect - Associate Professor

Since the beginning of the twentieth century, Morocco has been a hub of architectural and urban experimentation, driven by the hybridization of materials and techniques. One of the most renowned examples is the rebuilding of Agadir by the modernist architects of the "School of Rabat."[1] Yet, part of the Moroccan architectural scene of the 1960s remains largely overlooked. After independence, the Moroccan state responded to the shortage of affordable housing by building thousands of social housing units in raw earth. They were designed by two Europeans who appropriated ancient skills passed down locally, streamlining them using new techniques, as well as modernizing the materials, the tools, and the organization of the construction sites.

These two contractors were Alain Masson (1927–2013), a French civil engineer who was appointed in 1961 as an aid worker to head the Public Works Department of Marrakech, and Jean Hensens (1929–2006), a Belgian architect, who joined the Ministry of Housing in 1962. They worked together on three raw earth social housing projects, respectively in Marrakech, Ouarzazate, and Berkane. The first of which was, at the time, according to Jean Dethier, the largest contemporary urban complex built in this material.[2] The experiments utilized local knowledge, while introducing industrialized construction techniques, all in the context of decolonization and the rising movements that advocated for the revival of vernacular architecture.

Figure 01: Unit 3, Daoudiate District, c. 1965, Alain Masson Collection, Archives of Morocco, Rabat.

Modernizing a Material and its Implementation

In 1962, the Public Works Department of Marrakech started building the initial part of 700 affordable housing units in the Daoudiate District, north of the city, to relocate residents from substandard accommodations. Masson suggested building with compressed earth blocks, a decision motivated by the workforce's origins. Hence, in 1961, an organization called Promotion Nationale was set up in Morocco to employ unskilled laborers on public works projects, with the aim of curbing the rural exodus. The Public Works Department's periodic updates, illustrated with photographs, offer a comprehensive account while highlighting the "industrialization" aspect of the project, since most of the housing components were prefabricated in concrete, including the door and window frames, bathroom fixtures, wall caps, and the roof.[3]

The traditional construction method that uses raw earth bricks is known as adobe, which stems from the Arabic word toubia *or* toub. *Compressed earth blocks, made from earth stabilized with cement, were considered, at the time, a modernization of adobe. They were thought to increase the durability of structures and reduce maintenance requirements. The industrial production of the blocks was carried out in the Daoudiate District using the Cinva-Ram press, developed in 1952 under the auspices of the UN by Colombian engineer Raúl Ramirez for the Inter-American Housing and Planning Center. Each press could yield an average of 550 bricks daily, and in the Daoudiate District, the maximum number of presses operating on the construction site was twenty. According to the construction*

employant une terre stabilisée au ciment, est considéré à l'époque comme une amélioration technique de l'adobe, permettant de pérenniser les constructions en diminuant leur entretien. La réalisation industrielle des blocs s'est faite à Daoudiate grâce à l'importation de la presse Cinva-Ram mise au point sous l'égide de l'ONU en 1952 par l'ingénieur colombien Raúl Ramirez pour le Inter-America Housing and Planning Center. Chaque presse avait un rendement moyen de cinq cent cinquante agglomérés par jour, et à Daoudiate le maximum de presses qui fonctionnaient sur le chantier était de vingt. Selon le rapport de chantier, il y a eu jusqu'à dix-sept mille briques de terre fabriquées par jour[4].

Figure 02 : Chantier de l'unité 3 de Daoudiate, fonds Alain Masson, Archives du Maroc, Rabat.

Cette rationalisation de la production de brique crue semble être une tentative de faire rentrer la terre dans une normalité technique[5], et de l'associer à une certaine modernité par l'industrialisation et la préfabrication. La modernisation de la mise en œuvre de la terre peut ainsi expliquer le succès de l'opération et sa poursuite pour réaliser au total deux mille sept cent cinquante logements en cinq ans, au lieu des mille cinq cents prévus au départ.

Figure 03 : Photo aérienne de la première tranche de l'Unité 3 de Daoudiate, fonds Alain Masson, Archives du Maroc, Rabat.

Quand le matériau détermine la forme

Après le projet de Daoudiate, Alain Masson souhaite améliorer la technique et l'architecture à travers une nouvelle expérience d'habitat économique en terre à Ouarzazate, de deux cents logements. Les deux opérations s'appellent respectivement BTS 62 et BTS 67. Pour BTS 67, c'est l'architecte belge Jean Hensens qui est chargé de la conception architecturale et urbaine.

La technique employée dans ce projet est une modernisation du pisé, avec un coffrage métallique qui permet la construction d'une maison en vingt-quatre heures. Les panneaux de coffrage en bois, utilisés dans la construction traditionnelle en pisé, sont ici remplacés par un coffrage métallique qui permet la construction des murs extérieurs et intérieurs, ainsi que de la toiture. Le bois utilisé dans l'habitat traditionnel est en effet assez coûteux, et la voûte permet de réaliser le toit en terre, évitant ainsi l'utilisation du béton. Cependant, le ciment est toujours utilisé pour stabiliser la terre, et son dosage est augmenté pour la toiture.

Une méthode particulière est utilisée pour optimiser la rapidité de la construction : les pièces d'habitation étant contiguës, elles sont coffrées ensemble. Le béton de terre, composé de terre de rivière mélangée à de l'argile et du ciment, est mélangé dans un malaxeur puis compacté mécaniquement à l'aide de pisoirs pneumatiques. Ce matériel est donc beaucoup plus sophistiqué que les outils rudimentaires du piseur traditionnel. La rapidité de la réalisation est aussi un élément clé du chantier. Le montage du coffrage est effectué le matin, le remplissage de terre et le compactage pneumatique prennent le reste de la journée, et le moule est démonté le lendemain. Le séchage se fait pendant la nuit grâce aux températures élevées et au climat sec de Ouarzazate. Le gain de temps est donc considérable, une fois les coffrages métalliques réalisés, par rapport au procédé traditionnel.

Cette technique rationnelle représente un cas unique de mise en œuvre, exceptionnel pour l'époque. Cependant la voûte surbaissée, permettant de se passer de la couverture en béton, n'est mise en place que dans les huit premiers

report, up to 17,000 raw earth bricks were produced daily.[4]

Figure 02: Construction site of unit 3, Daoudiate District, Alain Masson Collection, Archives of Morocco, Rabat.

This mechanization of raw earth brick production was an attempt to bring earth back into technical normality[5] and to integrate it into a certain modernity through industrialization and prefabrication. The modernization of the implementation of raw earth may explain the success of this operation, which has expanded to build a total of 2,750 housing units over five years, instead of the 1,500 initially planned.

Figure 03: Aerial view of the first tranche on unit 3, Daoudiate District, Alain Masson Collection, Archives of Morocco, Rabat.

When Material Defines Shape

After the Daoudiate project, Masson sought to improve these techniques and architecture through a new experiment of 200 affordable earthen housing units in Ouarzazate. The two operations were called BTS62 and BTS 67, respectively, and Hensens was responsible for the architectural and urban design of BTS 67.

This project revolutionized the building technique of rammed earth, replacing traditional wooden formworks with metal ones. In addition, innovative methods were used to construct both the exterior and interior walls, as well as the roof, making it possible to build a residence in just 24 hours. In order to accelerate the building process, a special method was used to form adjoining rooms simultaneously. Due to the high cost of wood used in traditional roofs, a vaulted roof design enabled the structure to be made from earth, eliminating the need for concrete. However, cement remained a key ingredient in earth stabilization, and its dosage was increased for the roof.

The earth-based concrete consisted of river soil combined with clay and cement in a mixer and then mechanically compacted using pneumatic rammers. This equipment was therefore much more sophisticated than the very rudimentary tools of the traditional Moroccan rammer. The speed of building was also a key element of the construction site. The assembly of the formwork was carried out in the morning, followed by its filling with earth and the pneumatic compaction for the rest of the day. The mold was dismantled the next day. The structure was left to dry overnight in the hot and arid climate in Ouarzazate. Compared with the traditional process, this saved considerable time once the metal formwork was in place.

The implementation of this practical technique was unique and exceptional for its time. However, only the first eight units were built with vaulted roofs. It was dropped during construction for reasons of aesthetics and to allow for further development on the upper floors, and was replaced by a reinforced cement slab. The relationship between material and form is crucial in this context, as the architectural form of the buildings determines whether the material is accepted or rejected. Raw earth seems to be better accepted when it is not identifiable, as such, in the appearance of buildings.

Raw Earth as a Social Project

The third operation was carried out in Berkane by the Centre d'Expérimentation de Recherche et de Formation (Experimentation, Research and Training Center, CERF). Founded in 1967 as part of the Housing Delegation of the Ministry of Interior, this center was directed by Masson with the goal of conducting research on the modernization of traditional architectural technologies. The CERF oversaw the Berkane project, which totaled 400 housing units built with compressed earth blocks and a self-help construction approach. The idea of involving residents in construction work to reduce the cost of purchasing their home was experimented with since the beginning of the twentieth century, particularly in South American countries, albeit with limited success.[6] Nevertheless, the

logements. Son abandon en cours de chantier serait lié à des considérations esthétiques et à l'évolution prévue des étages supérieurs. Elle a finalement été remplacée par une dalle en ciment armé. La question du rapport entre le matériau et la forme revêt ici toute son importance, puisque l'acceptation ou le refus du matériau a été conditionné par la forme architecturale des édifices. La terre crue semble être mieux acceptée lorsqu'elle n'est pas identifiable comme telle dans l'apparence des constructions.

La terre comme projet social

La troisième opération est réalisée à Berkane par le CERF, Centre d'expérimentation de recherche et de formation. Ce centre, créé en 1967 à la Délégation de l'habitat au ministère de l'Intérieur, est dirigé par Alain Masson, pour développer la recherche réactualisant les technologies architecturales traditionnelles. Le CERF pilote le projet de Berkane qui totalise quatre cents logements réalisés avec des blocs de terre compressés mettant en place l'auto construction. Faire participer les habitants au chantier pour réduire le coût de l'achat de leur logement a été expérimenté dès le début du XXe siècle, notamment dans les pays d'Amérique latine, avec un succès mitigé[6]. Néanmoins, l'objectif était de conduire des populations défavorisées vers davantage d'autonomie dans la réalisation de leur logement, un enjeu majeur mis en avant par la plupart des protagonistes de réactualisation de la construction en terre crue à l'époque[7].

Peu de projets de maîtrise d'ouvrage publique ont été construits en terre au Maroc après ces trois expérimentations pionnières. Les événements politiques du début des années 1970 ont entraîné la fermeture du CERF, la politique de construction de logement social dans le pays a changé, et ces opérations ont été peu à peu oubliées. Il s'agit d'une architecture ordinaire, peu publiée, et qui n'a pas été intégrée dans l'historiographie de l'architecture au Maroc[8].

La commande privée a tenté de relancer la filière terre, à partir des années 1980, notamment avec les villas de l'architecte marocain Elie Mouyal dans la palmeraie de Marrakech, mais ces initiatives ne sont pas parvenues à mettre en place une dynamique nationale.

Plus récemment, les années 2014 et 2015 semblent avoir marqué un tournant dans les choix constructifs de quelques équipements publics au Maroc, où la volonté de répondre à la crise environnementale commence à justifier l'emploi de la terre crue. En 2014, l'école de jardinage située sur la rive du fleuve Bouregreg, dans la zone périurbaine entre Rabat et Salé, est réalisée par le cabinet d'architecture espagnol Mangera Yvars, en collaboration avec l'architecte marocain Hakim Jaafri, avec une maçonnerie en adobe en remplissage d'une structure en béton. Ce projet a une vocation sociale puisque le programme de recrutement et de formation de l'école est destiné aux populations vulnérables à risque d'exclusion sociale, en particulier les femmes et les jeunes âgés de dix-huit à vingt-cinq ans.

C'est également la dimension sociale qui a motivé la construction de trois écoles élémentaires avec des matériaux traditionnels, entre 2014 et 2019, dans les villages de Ouled Merzoug, Aknibich et Sidi Boushab. La jeune agence d'architecture belge BC Studies, fondée en 2009, a conçu et réalisé ces trois écoles en terre crue et en pierre, avec un financement de la fondation GoodPlanet, en mettant en place des chantiers participatifs. Les jeunes architectes belges se sont efforcés d'apprendre des habitants mais également de les inspirer, afin de démontrer que l'on peut aussi construire une architecture contemporaine en terre.

ultimate goal was to empower underprivileged populations to build their own homes, a major challenge emphasized by most of the supporters of the revival of raw earth construction at the time.[7]

After these three pioneering experiments, a few public works projects used earthen materials in Morocco. Political developments in the early 1970s led to CERF's closure and a change in the country's social housing construction policies. These initiatives were subsequently forgotten over time, and are still relatively unknown and unpublished, as ordinary architecture has not been integrated into the history of Moroccan architecture.[8]

From the 1980s onwards, the private sector attempted to revive earthen architecture, notably with villas designed by Moroccan architect Elie Mouyal in the Marrakech Palmeraie, but these initiatives failed to generate any national momentum.

However, more recently, the years 2014 and 2015 seem to have marked a turning point in the construction choices of some public facilities in Morocco. Efforts to respond to the environmental crisis have begun to justify the use of raw earth. Located on the banks of the Bouregreg River, in a suburban area between Rabat and Salé, an agricultural school was built in 2014 by the Spanish architectural studio Yvars y Mangera in collaboration with Moroccan architect Hakim Jaafri, using adobe masonry to fill a concrete structure. The school has a social mission, since its recruitment and training program targets disadvantaged groups facing social marginalization, specifically women and young adults aged 18 to 25.

The social aspect was also a driving force behind the construction of three elementary schools with traditional materials, between 2014 and 2019, in the villages of Ouled Merzoug, Aknaibich, and Sidi Boushab. Established in 2009, the Belgian architecture studio BC studies, with funding from the Good Planet Foundation, designed and built the three schools using raw earth and stone, implementing participatory construction sites. The young Belgian architects were dedicated to learning from the local community while inspiring them, aiming to demonstrate that contemporary earthen architecture is possible.

Toward Neo-Vernacular Architecture?

The raw earth urban experiments conducted in Morocco in the 1960s, totaling more than 3,000 housing units, represented a key moment in the revival of the raw earth industry worldwide. They are also at the root of the material's current boom.[9] *In each of these initiatives, choosing to use raw earth represented a true social project, as they involved the community in the construction sites and reduced construction costs, creating extremely affordable housing.*

Today, a new generation of architects in Africa is advocating for a "neo-vernacular"[10] *style of architecture, with a renewed interest in bio-based and geo-sourced materials, drawing on indigenous resources and practices. In Morocco, young architects are using local building traditions to address modern challenges. However, today the focus is not only on the cultural heritage aspect linked to ancestral construction techniques, but also on projects that have updated earthen construction. Unfortunately, unfamiliarity with this sector considerably hinders its development.*

If the pavilions of the 19th international architecture exhibition are "the laboratory of the future,"[11] *then Africa could learn from these promising experiments and start building its own modernity and development models, by combining decarbonization and a return to the "old cultural past,"*[12] *to quote Paul Ricœur.*

Vers une architecture néovernaculaire ?

Les expérimentations urbaines en terre crue réalisées au Maroc dans les années 1960, totalisant plus de trois mille logements, témoignent d'un moment clé dans la réactualisation de la filière terre crue dans le monde, à l'origine de l'essor actuel de ce matériau[9]. Dans ces opérations, le choix de la terre crue a incarné un véritable projet social, en associant la population au chantier, et en permettant la réduction des coûts de construction pour réaliser des logements très économiques.

Il y a aujourd'hui en Afrique une génération d'architectes qui milite en faveur d'une architecture « néovernaculaire»[10], avec un regain d'intérêt pour les matériaux bio- et géo-sourcés, basé sur l'existence de ressources et de pratiques endogènes. Au Maroc, de jeunes architectes s'efforcent de puiser dans la culture constructive locale une réponse aux enjeux contemporains. Toutefois, il s'agit aujourd'hui de s'appuyer non seulement sur l'aspect patrimonial lié aux techniques constructives ancestrales, mais également de s'intéresser aux projets qui ont réactualisé la construction en terre. La méconnaissance de cette filière représente un véritable frein à son développement.

Si les pavillons d'expositions universelles sont le « laboratoire du futur »[11], alors l'Afrique pourrait s'appuyer sur les enseignements de ces expérimentations prometteuses pour commencer à construire sa propre modernité, et ses propres modèles de développement, en associant décarbonation et retour au « vieux passé culturel[12]», pour reprendre les paroles de Paul Ricœur.

Figure 02

Figure 03

Figure 01

---

1 - Thierry Nadau, « La reconstruction d'Agadir ou le destin de l'architecture moderne au Maroc », in Jean-Marie Thiveau et Maurice Culot, *Architectures françaises d'Outre-mer*, Liège, Mardaga, 1992.

2 - Jean Dethier, *Architectures de terre ou l'avenir d'une tradition millénaire*, Paris, Éditions du Centre Pompidou, 1981, p. 52.

3 - « Résorption des bidonvilles, Programme 1962, Construction de 700 logements », ministère des Travaux publics, archives de la bibliothèque du ministère de l'Habitat et de la Politique de la ville, Rabat.

4 - Ibid.

5 - Selma Zerhouni, Hubert Guillaud et Elie Mouyal, *L'architecture de terre au Maroc*, Paris, ACR, 2001.

6 - L'architecte anglais John Turner développe les difficultés liées à l'autoconstruction dans ses travaux, par exemple dans : John Turner, *Housing by People. Towards Autonomy in Building Environments*, Paris, Seuil, 1979 (Londres, 1976).

7 - Par exemple dans les premiers ouvrages du CRAterre (CRAterre, Construire en terre, Paris, L'Harmattan, 1979), ou dans le catalogue de la célèbre exposition de Jean Dethier au Centre Pompidou à Paris en 1981 (Jean Dethier, *Architectures de terre ou l'avenir d'une tradition millénaire*, *op. cit.*).

8 - À l'exception de l'article de Jean Dethier, « Soixante ans d'urbanisme au Maroc », Bulletin économique et social du Maroc n° 118-119, 1973, p. 5-56, puis notre ouvrage récent Nadya Rouizem, *Réinventer la terre crue. Expérimentations au Maroc depuis 1960*, Paris, Éditions Recherches, 2022.

9 - Nadya Rouizem, *Réinventer la terre crue. Expérimentations au Maroc depuis 1960, op. cit*.

10 - Titre de la 18e Biennale internationale d'architecture de Venise qui a eu lieu du 20 mai au 26 novembre 2023), choisi par la commissaire de cette édition, la romancière et architecte Lesley Lokko, de nationalités ghanéenne et écossaise.

11 - Paul Ricœur, *Histoire et vérité*, Paris, Seuil, 1955, p. 329.

---

1 - Thierry Nadau, "La reconstruction d'Agadir ou le destin de l'architecture moderne au Maroc", in Architectures françaises d'Outre-mer, *ed. Jean-Marie Thiveau and Maurice Culot (Mardaga, 1992).*

2 - Jean Dethier, Des Architectures de terre ou l'Avenir d'une tradition millénaire, *(Éditions du Centre Pompidou, 1981), 52.*

3 - Ministère des Travaux Publics, "Résorption des bidonvilles, Programme 1962, Construction de 700 logements," Archives of the Library of the Ministry of Housing and Urban Policy, Rabat.

4 - Ibid.

5 - Selma Zerhouni, Hubert Guillaud, and Elie Mouyal, L'architecture de terre au Maroc *(ACR, 2001).*

6 - English architect John Turner discussed in his works the challenges of the self-help building approach, for example in: John Turner, Housing by People. Towards Autonomy in Building Environments, *(Marion Boyars Publishers, 1976).*

7 - For example, in the first publications by CRAterre: CRAterre, Construire en terre *(l'Harmattan, 1979). Or in the catalog of Jean Dethier's famous exhibition held at the Centre Pompidou in Paris in 1981: Dethier, Des Architectures de terre ou l'Avenir d'une tradition millénaire.*

8 - À Except in Dethier's article: Jean Dethier, "Soixante ans d'urbanisme au Maroc," Bulletin économique et social du Maroc *no.118-119 (1973): 5-56. And my recent publication: Nadya Rouizem,* Réinventer la terre crue. Expérimentations au Maroc depuis 1960 *(Editions Recherches, 2022).*

9 - Nadya Rouizem, Réinventer la terre crue.

10 - The title of the 18th Venice Biennale of Architecture (May 20 to November 26, 2023), chosen by Ghanaian-Scottish novelist and architect Lesley Lokko, its curator.

11 - Paul Ricœur, Histoire et vérité *(Seuil, 1955), 329.*

والمناخ الجافّ لمنطقة ورزازات. وهكذا، فإنّ الوقت المُوفَّر، بعد إنشاء القوالب المعدنيّة، طويل جدّاً مقارنةً بالطريقة التقليديّة

وتمثّل هذه التقنية العقلانيّة حالة تنفيذ فريدة واستثنائيّة بالنسبة إلى تلك الفترة. ومع ذلك، فلم تُشيّد القبّة المنخفضة التي تسمح بالاستغناء عن الغطاء الخرسانيّ إلّا في المساكن الثمانية الأولى. وقد يكون التخلّي عن هذه التقنية أثناء مرحلة البناء مرتبطاً باعتبارات جماليّة، وبالتطوير المتوقّع للطوابق العليا. وفي الأخير، استُبدلت القبّة ببلاطة من الإسمنت المسلّح. والعلاقة بين المادّة والشكل تكتسي هنا أهمّية بالغة، إذ إنّ القبول بمادّة البناء أو رفضها كان مشروطاً بالشكل المعماريّ للمباني. ويبدو أنّ التراب الخام يحظى بقبول أفضل عندما لا يتسنّى التعرّف إليه في المظهر الخارجيّ للبناءات

التراب مشروعاً اجتماعيّاً

أُنجز المشروع الثالث في بركان من قبل مركز التجريب والبحث والتكوين (CERF). وقد تولّى آلان ماسون إدارة هذا المركز الذي أُنشئ عام 1967 داخل مديريّة التعمير التابعة لوزارة الداخليّة، ويهدف إلى تطوير البحث عبر تجديد التقنيات المعماريّة التقليديّة. وقاد مركزُ التجريب والبحث والتكوين مشروعَ بركان الذي تضمّن أربعمائة وحدة سكنيّة شُيّدت بكتل من التراب المضغوط عن طريق اعتماد مبدأ البناء الذاتيّ. لقد كان إشراكُ السكّان المحلّيين في أشغال البناء بغاية تخفيض ثمن شراء مساكنهم، عمليّةً جُرّبت منذ بداية القرن العشرين، خصوصا في بلدان أمريكا اللاتينيّة بدرجات متفاوتة من النجاح. بيد أنّ الهدف منها كان تمكين الفئات المحرومة من قدر أعلى من الاستقلاليّة في بناء مساكنها، وقد مثّل هذا الهدف رهاناً جوهريّاً كانت له الأولويّة عند أغلب الأطراف الفاعلة في عمليّة تجديد البناء بالتراب الخام في ذلك الوقت

بعد هذه التجارب الثلاث الرائدة، تراجع حجم مشاريع إدارة المقاولات العموميّة التي أُنجزت في المغرب باستخدام التراب. فقد تسبّبت الأحداث السياسيّة التي عرفها المغرب في مطلع سبعينيّات القرن العشرين، في إغلاق مركز التجريب والبحث والتكوين، فتغيّرت سياسة بناء المساكن الاجتماعيّة بشكل أدّى إلى نسيان تلك المشاريع تدريجيّاً. واقتصر الأمر على عمارة عاديّة، قلّما كانت موضوعاً للنشر، إضافة إلى عدم إدراجها ضمن استوغرافيا العمارة في المغرب

انطلاقاً من ثمانينيّات القرن العشرين، سعت طلبيّات القطاع الخاصّ إلى إنعاش قطاع البناء بالتراب، لاسيما من خلال الفيلّات التي وضع تصاميمها المهندس المعماريّ المغربيّ إيلي مويال في بستان النخيل بمراكش، لكنّ هذه المبادرات لم تنجح في خلق ديناميكيّة وطنيّة

ومؤخّراً، يبدو أنّ سنتي 2014 و2015 قد شكّلتا منعطفاً في خيارات البناء لبعض المرافق العموميّة في المغرب، إذ إنّ الرغبة في مواجهة الأزمة البيئيّة بدأت تبرّر استخدام التراب الخام. ففي 2014، أنجزت الشركة الإسبانيّة للهندسة المعماريّة «مانجيرا إيفارس» (Mangera Yvars)، وبالتعاون مع المهندس المعماريّ المغربيّ حكيم جعفري، مدرسةَ البستنة الواقعة على ضفاف نهر أبو رقراق، في المنطقة الضاحويّة بين الرباط وسلا، باستخدام تقنية الآجر المنمّط لملء هيكل خرسانيّ. ولهذا المشروع بعدٌ اجتماعيٌّ بما أنّ برنامج الانتداب والتكوين في المدرسة موجّه للفئات السكّانيّة الضعيفة المعرّضة لخطر الإقصاء الاجتماعيّ، وخصوصا النساء والشّباب الذين تتراوح أعمارهم بين ثماني عشرة وخمس وعشرين سنة

مثّل هذا البعد الاجتماعيّ حافزاً على بناء ثلاث مدارس ابتدائيّة في الفترة الممتدّة بين 2014 و2019، باستخدام مواد تقليديّة، وتمّ ذلك في قرى أولاد مرزوق، وأكنيبيش، وسيدي بوسحاب. وقد تكفّلت وكالة الهندسة المعمارية البلجيكيّة الناشئة، «بي سي للدراسات» (BC Studies) (تأسّست في 2009)، بتصميم هذه المدارس وإنجازها بالتراب الخام وبالحجارة، وبتمويل من مؤسّسة «غود بلانات» (GoodPlanet)، من خلال تركيز مواقع بناء تشاركيّة. وقد سعى المهندسون المعماريّون البلجيكيّون الشبّان جاهدين، إلى التعلّم من الأهالي كما حاولوا إلهامهم أيضاً، حتّى يثبتوا أنّ العمارة المعاصرة يمكن أن تنجز باستعمال التراب أيضاً

نحو عمارة عاميّة جديدة؟

إنّ التجارب الحضريّة في البناء بالتراب الخامّ المنجزة في المغرب خلال ستينيّات القرن العشرين، وقد اشتملت على أكثر من ثلاثة آلاف مسكن، تشير إلى لحظة فارقة في إعادة تأهيل قطاع البناء بالتراب الخام عالميّاً، وهي اللّحظة التي كانت وراء الازدهار الحاليّ لهذه المادّة. وقد جسّد اختيار التراب الخام في هذه العمليّات مشروعا اجتماعيّاً حقيقيّاً، عبر إشراك الأهالي في موقع البناء، ومن خلال إتاحة التخفيض في تكلفة البناء بهدف إنجاز مساكن اقتصاديّة إلى حدّ بعيد

ويوجد اليوم في إفريقيا جيل من المهندسين المعماريّين الذين يناضلون من أجل بعث عمارة «عاميّة» جديدة، في ظلّ عودة الاهتمام بالموادّ ذات المصادر البيولوجيّة، والموادّ ذات المصادر الجغرافيّة، وهو اهتمام قائم على وجود الموارد والممارسات المحلّية. ففي المغرب، اجتهد مهندسون معماريّون شبّان في سبيل الاستفادة من ثقافة البناء المحلّية لمواجهة التحدّيات المعاصرة. بيد أنّ الأمر اليوم لا يقتصر على مجرّد الاستناد على البعد التراثيّ المرتبط بتقنيات البناء المتوارثة، بل يتعدّى ذلك الى الاعتناء بالمشاريع التي أعادت تحديث البناء بالتراب. ويُشكّل عدم الاعتراف بهذا القطاع عقبة حقيقيّة أمام نموّه

وإذا كانت أجنحة المعارض العالميّة بمثابة «مختبر المستقبل»، فبإمكان إفريقيا الاستفادة من الدروس المستخلَصة من هذه التجارب الواعدة، من أجل الشروع في بناء حداثتها الخاصّة ونماذجها التنمويّة الذاتيّة، من خلال الجمع بين تخلّصها من انبعاثات الكربون وعودتها إلى «الماضي الثقافيّ العريق» على حدّ تعبير بول ريكور

---

1 *Thierry Nadau, « La reconstruction d'Agadir ou le destin de l'architecture moderne au Maroc », in Jean-Marie Thiveau et Maurice Culot, Architectures françaises d'Outre-mer, Liège, Mardaga, 1992.*

2 *Jean Dethier, Architectures de terre ou l'avenir d'une tradition millénaire, Paris, Éditions du Centre Pompidou, 1981, p. 52.*

3 *« Résorption des bidonvilles, Programme 1962, Construction de 700 logements »*
وزارة الأشغال العمومية، أرشيف مكتبة وزارة السكن والسياسة الحضرية، الرباط

4 المرجع نفسه

5 *Selma Zerhouni, Hubert Guillaud et Elie Mouyal, L'architecture de terre au Maroc, Paris, ACR, 2001.*

6 في مؤلّفاته الصعوبات المرتبطة John Turner عرض المهندس المعماري الإنجليزي جون تورنر بالبناء الذاتي. انظر مثلا
John Turner, Housing by People. Towards Autonomy in Building Environments, Paris, Seuil, 1979, (Londres, 1976).

7 انظر .CRAterre نذكر على سبيل المثال الأعمال الأولى لمركز الأبحاث للعمارة الترابيّة
CRAterre, Construire en terre, Paris, L'Harmattan, 1979

المقام في مركز بومبيدو بباريس في عام Jean Dethier أو في كتالوج المعرض الشهير جان ديتييه 1981. انظر
Jean Dethier, Architecture en terre ou l'avenir d'une tradition millénaire, op.cit.

8 باستثناء مقال
Jean Dethier, « Soixante ans d'urbanisme au Maroc», Bulletin économique et social du Maroc, n° 118-119, 1973, p. 5-56,

وكذلك كتابنا الذي صدر حديثا
Nadya Rouizem, Réinventer la terre crue. Expérimentations au Maroc depuis 1960, Paris, Éditions Recherches, 2022.

9 *Nadya Rouizem, Réinventer la terre crue. Expérimentations au Maroc depuis 1960, op. cit.*

10 مختبر المستقبل» هو عنوان الدورة الثامنة عشرة للمعرض الدوليّ «بينالي» للهندسة المعماريّة» بالبندقيّة المقام في الفترة الممتدّة بين 20 ماي و26 نوفمبر 2023. وهذا العنوان هو من اختيار أمينة الدورة، الروائيّة والمهندسة المعماريّة ليزلي لوكو، وهي مزدوجة الجنسيّة، غانيّة واسكتلنديّة

11 *Paul Ricœur, Histoire et vérité, Paris, Seuil, 1955, p. 329.*

إعادة ابتكار التراب الخام

ثلاث تجارب مغربية في الستينات

نادية رويزم

كان المغرب، منذ بداية القرن العشرين، مسرحاً لتجارب هندسيّة وحضريّة ارتكزت على تهجينات ماديّة وتقنيّة، ومن أشهر الأمثلة على ذلك إعادة بناء مدينة أكادير من قبل المهندسين الحداثيّين المنتسبين إلى «مدرسة الرباط». بيد أنّ جزءاً من المشهد المعماريّ المغربيّ في ستينيّات القرن العشرين لم يحظ بعدُ، وإلى حدّ كبير، بالتقدير الذي هو به جدير. وفي سياق ما بعد الاستقلال، تصدّت الدولة المغربيّة لمشكلة نقص المساكن الاقتصاديّة ببناء آلاف وحدات السكن الاجتماعيّ من التراب الخام، وقد أنجزها مهندس فرنسي وآخر بلجيكي عملا على تحديث الموادّ والأدوات وتنظيم حظائر البناء. لقد اكتسب هذان المتعاونان الأوروبيّان المهارات القديمة المتناقَلة عبر التراث العمرانيّ العاميّ، واضطلعا بترشيدها بفضل استخدام تقنيات جديدة. إنّ هذين المهندسين هما آلان ماسون (1927-2013)، وهو مهندس فرنسي متخرّج في المدرسة الوطنيّة للجسور والطرقات، ومُنتدَب في عام 1961 في خطّة متعاون من أجل الإشراف على إدارة الأشغال العموميّة بمراكش؛ وجان هنسنس (1929-2006)، وهو مهندس معماريّ بلجيكي، التحق بوزارة التعمير المغربيّة في عام 1962. وقد أنجز الإثنان سويّةً ثلاثة مشاريع للسكن الاجتماعيّ باستخدام التراب في مراكش وورزازات وتركان، وقد عُدَّ المشروع الأوّل في ذلك الوقت « أكبر مجمّع حضريّ معاصر مبنيّ بهذه المادّة»

وقد كشفت هذه التجارب عن المعارف المحلّية، ناقلةً في الآن ذاته تقنيات صناعة البناء، في سياق خاصّ رافق فترة ما بعد الاستقلال وظهور حركات العودة إلى الطابع المحلّي.

صورة 1: الوحدة الثالثة في الداوديّات حوالي عام 1965، رصيد آلان ماسون، أرشيف المغرب، الرباط.

تحديث مواد البناء واستخدامها

في سنة 1962، شرعت إدارة الأشغال العموميّة بمرّاكش في بناء دفعة أولى من سبعمائة وحدة سكنيّة اقتصاديّة في حيّ الداوديات، شمال المدينة، بغية إعادة إسكان قاطني البيوت غير الصالحة للسّكن. وقد اقترح آلان ماسون تشييد هذه المساكن بكتل من التراب المضغوط، وكان الدافع وراء هذا القرار هو أصل اليد العاملة. ففي عام 1961، أُحدثت في المغرب هيئة لتشغيل العَمالة غير المؤهّلة في مشاريع الأشغال العامّة: وذلك هو برنامج « الإنعاش الوطنيّ» الذي كان يهدف إلى مكافحة النزوح الريفيّ. وقد وصفت التقارير المتعاقبة لمصلحة الأشغال العموميّة مراحل سير المشروع وصفاً دقيقاً مدعوماً بالصور، مع التأكيد على «التصنيع»، باعتبار أنّ غالبيّة عناصر المساكن كانت مصنّعة مسبقا من الخرسانة، على غرار إطارات الأبواب والنوافذ، والمرافق الصحيّة، وتيجان الجدران، وكذلك الأسقف.

يُطلق على طوب التراب الخام في تقاليد البناء التي تستعمل هذا الطّوب، اسم «الطوب الترابيّ المُقولب»، وهذه التسمية مشتقّة من الكلمة العربيّة طوبة أو طُوب. واعتُبرت كتلة التراب المضغوط المُستخدِمة للتربة المثبّتة بالإسمنت، في تلك الفترة تحديثاً تقنيّاً للطّوب الترابيّ المقولب، على نحو يسمح بإدامة البناءات مع تقليل الحاجة إلى صيانتها. وقد تحقّق الإنتاج الصناعيّ للكتل في الداوديات بفضل توريد المكبس سينفا رام (Cinva-Ram) الذي صمّمه المهندس الكولمبي راؤول راميريز، في عام 1952 برعاية الأمم المتّحدة، لفائدة مركز البلدان الأمريكيّة للإسكان والتخطيط. وكان معدّل إنتاج كلّ مكبس مائة وخمسة وخمسين قالباً في اليوم الواحد، وفي الداوديات بلغ العدد الأقصى للمكابس التي كانت تعمل في موقع البناء عشرين مكبساً. ووفق تقرير الموقع، كان يُصنع في كلّ يوم ما يصل إلى سبعة عشر ألف طوبة ترابيّة

الصورة 2: حظيرة بناء الوحدة الثالثة بالداوديات، رصيد آلان ماسون، أرشيف المغرب، الرباط

ويبدو أنّ ترشيد إنتاج الطّوب الخام هو محاولة لجعل البناء بالتراب متماشياً مع المعايير التقنيّة، وربطه بشكل معيّنٍ للحداثة من خلال التصنيع والإنتاج المسبق. ولعلّ بوسعنا أن نجد في عصرنة عمليّة إعداد التراب تفسيراً لنجاح المشروع وتواصله إلى حدّ إنجاز ما يربو على ألفين وسبع مائة وخمسين مسكناً، على امتداد خمس سنوات، عوضاً عن الألف وخمسمائة مسكن التي كانت مبرمجة في البداية

الصورة 3: صورة جوّية للقسط الأوّل من الوحدة الثالثة بالداوديات، رصيد آلان ماسون، أرشيف المغرب، الرباط

عندما تحدّد المادّة الشّكل

بعد مشروع الداوديات، تطلّع آلان ماسون إلى تحسين التقنية والهندسة المعماريّة من خلال القيام بتجربة جديدة في السكن الاقتصاديّ المشيّد بالتراب في ورزازات، وشملت هذه التجربة مائتي مسكن. وقد أُطلق على أولى العمليّتين اسم «ب ت اس62» (BTS 62)، وعلى الثانية اسم «ب ت اس67» (BTS 67). أما بالنسبة إلى مشروع «ب ت اس67»، فقد عُهد إلى المهندس المعماريّ البلجيكي جان هيسنس بمهمّة التصميم المعماريّ والحضريّ.

وتُعتبر التقنية المستخدَمة في هذا المشروع تحديثاً لطريقة البناء بالتراب المدكوك، مع استخدام قوالب معدنيّة تتيح بناء منزل خلال أربع وعشرين ساعة. وقد استُبدِلت هنا ألواح القوالب الخشبيّة المستعملة في البناء التقليديّ بالتراب المدكوك، بقوالب معدنيّة تتيح بناء الجدران الخارجيّة والداخليّة، وكذلك السقف. ويعود هذا التغيير إلى كون الخشب المستعمل في السكن التقليديّ مُكلّف جدّاً، إضافة الى أنّ شكل القبّة يسمح ببناء السقف من تراب، مما يُغني عن استعمال الخرسانة. وهذا لا يمنع استمرار استخدام الإسمنت لتثبيت التراب، ونسبة الإسمنت تزيد في السقف

وقد استُخدِمت طريقة خاصّة لتحسين سرعة البناء: إذ نظراً إلى كون الغرف السكنيّة متلاصقة، فقد أُشرِكتْ معاً في قالب البناء نفسه. وتُخلط الخرسانة الطينيّة، المكوّنة من التربة النهريّة الممزوجة بالطين والإسمنت، في خلّاط ثمّ يتمّ ضغطها ميكانيكيّاً باستخدام مدكّات هوائيّة. ومن ثَمّ فإنّ هذه المعدّات هي أكثر تطوّراً من الأدوات البدائيّة التي يستعملها البنّاء التقليديّ. وتعتبر سرعة الإنجاز أيضاً عنصراً رئيسيّاً في موقع البناء. وتتمّ عمليّة تركيب القوالب في الصباح، بينما تستغرق أعمالُ ملئها بالتراب وضغطها بالهواء بقيّةَ النهار، وفي الغد يُفكّ القالب. وتجفّ الخرسانة أثناء الليل بفضل درجات الحرارة المرتفعة

LA TERRE COMME MATÉRIAU DE CONSTRUCTION

REGARD D'UN GÉOLOGUE

MOUNSIF IBNOUSSINA
Enseignant - Chercheur

La terre crue est la matière première de base utilisée dans l'habitat vernaculaire au Maroc. C'est un matériau largement disponible dans notre environnement immédiat et particulièrement utilisé dans les centres historiques, les agglomérations périurbaines et rurales du Rif et de l'Atlas et des régions présahariennes.

D'une diversité géologique remarquable, les sols du royaume du Maroc ont été façonnés par des millions d'années d'évolution géologique, géomorphologique et climatique. Cette diversité se reflète dans ses paysages, aux particularités géologiques propres à chaque région : les sables, les silts, les limons et les argiles disponibles dans les régions montagneuses et les plaines du pays permettent de confectionner des matériaux durables, thermiquement efficaces et écologiques, jouant un rôle clé dans la construction en terre et la réhabilitation du patrimoine historique.

La disponibilité et l'exploitation de cette ressource naturelle sont conditionnées par la prospection des sites d'emprunt convenables, l'identification et la caractérisation des matériaux ainsi que la définition des techniques de construction appropriées. Les recherches scientifiques ont permis l'amélioration des capacités de résistance de la terre, l'intervention sur les pathologies des constructions traditionnelles ainsi que la restauration et la conservation dans les règles de l'art. C'est dans cette optique que nous avons mis en place des projets de recherche opérationnelle sur différents sites au sud et à l'est du pays, et organisé un certain nombre de manifestations scientifiques nationales et internationales afin de promouvoir la terre comme matériau de construction alternatif. Dans ces régions, la plupart des ouvrages sont construits en terre, avec l'utilisation du pisé et de l'adobe comme principales techniques de construction. Ce savoir-faire marocain, qui a permis de bâtir un patrimoine aussi, riche témoigne d'une grande maîtrise de ce matériau et d'une profonde connaissance de ses caractéristiques. À ces deux techniques traditionnelles s'ajoute, plus récemment, le bloc de terre comprimée (BTC).

Le pisé (tabout, louh, tabia, etc.) est une technique reconnue comme l'un des systèmes constructifs les plus anciens et les plus répandus au monde. Elle consiste à remplir des banches en bois de couches de terre extraites à proximité du lieu de construction, immobilisées par des entretoises et posées sur des tirants (Zerhouni et Guillaud, 2001). La terre seule ou additionnée à la chaux et à l'eau, est malaxée avant d'être compactée en couches successives avec une dame à main. C'est le travail du maçon piseur, debout dans la banche, qui demande habileté et régularité dans l'ouvrage. Tout en compactant la terre, les chocs répétés de la dame à large base rythment le chantier et donnent le tempo de chants cultuels très particuliers. L'atmosphère des chantiers en terre se charge de dimension mystique que procure le rituel des louanges à Dieu. La technique du pisé est surtout employée pour les grandes surfaces mais on lui préfère l'adobe pour

EARTH AS A BUILDING MATERIAL

A GEOLOGIST'S PERSPECTIVE

MOUNSIF IBNOUSSINA
Professor - Researcher

Raw earth is the essential material used in vernacular housing in Morocco. It is widely available in our surrounding environment and is commonly used in historic centers, the suburban and rural areas of the Rif and Atlas Mountains, and pre-Saharan regions.

The Kingdom of Morocco's remarkably diverse soils have been shaped by millions of years of geological, geomorphological, and climatic evolution. This diversity is embodied in its landscapes, with each region having its own geological characteristics. The sand, silt, and clay found in the mountainous regions and plains can be used to make sustainable, thermally efficient, and environmentally friendly materials that are key to earthen construction and the restoration of historical heritage.

The availability and exploitation of this natural resource requires prospecting suitable quarries, identifying and specifying the materials, and choosing appropriate construction techniques. Scientific research has led to the improvement of the resistance capacities of earth, interventions in the pathologies of traditional constructions, as well as restoration and conservation according to best practices. Based on this, we implemented operational research projects on various sites in the south and east of the country, and organized several national and international scientific events to advocate for earth as an alternative building material. In these regions, most of the buildings are made of earth, with rammed earth and adobe being the most common construction techniques. In Morocco, these skills have enabled the construction of a rich historical heritage, while demonstrating a great mastery of this material and a deep knowledge of its characteristics. More recently, compressed earth blocks (CEB) have been added to these two traditional techniques.

Rammed earth (tabout, louh, tabia, *etc.) is recognized as one of the oldest and most widespread building techniques in the world. It involves filling a wooden formwork with layers of earth extracted near a construction site, held in place by spacers, and placed on anchors (Zerhouni and Guillaud, 2001). Earth alone or in combination with lime and water is mixed before being compacted into successive layers with a hand tamper. The mason-rammer, who stands in the formwork, must possess a certain skill and regularity to perform this task. The repeated blows of the broad-based tamper, while compacting the earth, pace the work and set the tempo for very special ritual songs. The atmosphere of the earthen worksites is imbued with a spiritual dimension due to the ritual of praising God. The rammed earth technique is mainly used for large surfaces, while adobe is favored for smaller spaces, partition walls, and great heights, or when the earth has too much clay.*

Adobe (attob) *bricks are molded raw earth blocks that are dried in the sun and used as masonry components. The earth is carefully chosen and often extracted directly from the construction site itself. It can also be sourced at a greater distance for concerns of quality or homogeneity. A rather clay-filled material, it is mixed with sand and sometimes with lime, straw, or ash, depending on the local custom. It is moistened and kneaded with the feet until obtaining a smooth and malleable paste, and then poured into double wooden molds and leveled by hand or with a ruler. The mold frame is removed with*

les espaces plus restreints, les murs de cloisonnement, et les grandes hauteurs. Ou quand la terre est trop argileuse.

La brique d'adobe (Attob) est une brique de terre crue moulée et séchée au soleil destinée à la fabrication d'éléments de maçonnerie. Elle est sélectionnée avec soin, généralement extraite du site même, elle peut également être recherchée à grande distance pour des raisons de qualité ou d'homogénéité. Plutôt argileuse, mélangée au sable et parfois à la chaux, à la paille ou à la cendre selon l'usage, elle est mouillée, puis malaxée avec les pieds jusqu'à en obtenir une pâte plastique homogène. Elle est ensuite coulée dans des moules en bois, en cadre double, et lissée à la main ou à la règle. Le cadre du moule est retiré d'un coup sec, et la terre moulée est mise à sécher. L'aire de séchage est saupoudrée de paille broyée ou de sciure de bois. Le bloc d'adobe obtenu est disposé pour un séchage au soleil de quelques jours. De dimensions traditionnelles (40 × 20 × 12 cm), présente une faible résistance, souvent compensée par l'épaisseur de la maçonnerie. Les adobes servent à monter des murs qui sont entièrement appareillés. Ils servent aussi à surmonter des maçonneries en pisé ; à grande hauteur le levage des adobes étant plus commode.

Les deux techniques sont souvent complémentaires : le pisé sert surtout à construire des murs épais nécessaires. L'adobe, quant à lui, beaucoup plus maniable, sert à terminer en hauteur le mur qui devient moins épais (Sebti, 1985). Sous ces deux formes (pisé et adobe), la disponibilité et l'abondance de la terre en font un matériau fort adapté aux enjeux économiques et climatiques actuels.

Le bloc de terre comprimée (BTC) est la version moderne de la brique moulée ou adobe. C'est un élément de construction

de forme parallélépipédique obtenu par compactage statique, d'une terre convenablement choisie et tamisée avec une quantité d'eau préalablement mesurée, dans une presse manuelle ou mécanique. Le produit obtenu étant un bloc dense aux angles droits et dont le volume est réduit de la moitié.

Aujourd'hui, ces différentes techniques de construction refont surface au Maroc et pour de multiples raisons : une demande très forte en logements, une inflation du coût des matériaux de construction conventionnels et un intérêt pour son potentiel dans un contexte de changement climatique et de développement durable. Le géologue s'assure de leur stabilité et détermine les conditions d'implantation de l'ouvrage et le système de fondation.

L'organisation d'un bon nombre de manifestations scientifiques (congrès, colloques, conférences, séminaires, ateliers, etc.) axées sur le matériau terre, a pour objectif l'amélioration et la valorisation de ces systèmes constructifs vernaculaires et mettent en exergue de nouvelles références normalisées de ce type de construction.

Au Maroc, les constructions monumentales en terre (pisé et adobe) de notre patrimoine (médinas, remparts des villes impériales, casbahs et ksours) ont survécu aux différents séismes destructeurs qu'a connus notre pays, et plus particulièrement ceux d'Agadir (1961), d'Al Hoceima (2004) et tout dernièrement de l'Atlas (2023). Leur résistance a témoigné de leur solidité exceptionnelle, et d'une grande maîtrise de l'utilisation dans le choix du matériau, des dispositions constructives concernant les fondations et les soubassements et du savoir-faire des artisans qui l'ont conçu. Cependant, les constructions plus traditionnelles des zones rurales et montagneuses, ont montré leur vulnérabilité face

a sharp jerk, and the adobe block is left to dry in the sun for a few days. The drying area is sprinkled with crushed straw or sawdust. With traditional dimensions of 40 × 20 × 12 cm, the bricks offer little resistance, which is often compensated for by the thickness of the masonry. Adobe bricks are used to build walls that are fully bonded. They are also used to top rammed earth masonry, since it is easier to lift them higher.

In fact, these two techniques are often complementary: rammed earth is mainly used to build the necessary thick walls. Adobe bricks, on the other hand, are much easier to handle and are used to complete the top part of the wall, which then becomes thinner (Sebti, 1985). Both rammed earth and adobe are highly suitable for today's economic and climatic challenges due to the availability and abundance of earth.

Compressed earth blocks (CEBs) are the modern version of molded bricks or adobe. These building blocks are parallelepiped-shaped structures created through the static compression of carefully selected and sieved earth mixed with a predetermined amount of water in a manual or mechanical press. The resulting products are dense blocks with right angles and half the original volume.

Today, these different construction techniques are resurfacing in Morocco for many reasons: a very high housing demand, the rising cost of conventional construction materials, and an interest in their potential regarding climate change and sustainable development. The geologist ensures their stability and defines the conditions for the installation of the structure and the base system.

The organization of numerous scientific gatherings (congresses, symposia, conferences, seminars, workshops, etc.) on earth as a building material, aims to improve and promote these vernacular construction techniques, as well as to highlight new standardized references for this type of construction.

In Morocco, the monumental earthen constructions (rammed earth and adobe) – that are part of our heritage (medinas, the walls of the imperial cities, Kasbahs and Ksour) – withstood the devastating earthquakes that have struck our country, particularly those in Agadir (1961), Al Hoceima (2004) and most recently in the Atlas Mountains (2023). Their resistance attests to their exceptional robustness and to the skill of the craftspeople who designed them, as well as to the quality of the foundations and bases as well as the choice of materials. However, more traditional buildings in rural and mountainous areas proved vulnerable to the same disasters. These earthquakes have therefore demonstrated the need to adapt earthen buildings to current safety requirements.

In 2011, Morocco adopted an earthquake-resistant regulation for earthen construction (RPCT, 2011). This set of guidelines and standards was designed to guarantee the safety of earthen structures in the event of an earthquake. They are essential and provide a technical and legal framework that allows all stakeholders and the relevant authorities to approve and inspect earthen buildings. This bold decision represents a historic step forward that will benefit the promotion of earth and, consequently, sustainable housing that offers the necessary safety and livability conditions. While this regulation comes with a number of significant benefits (new design standards, greater building resistance, preservation of skills, etc.), it also faces major challenges. These include resistance to the widespread adoption of its standards, especially in rural and mountainous areas, lack of resources or training to implement these regulations, higher construction costs, and difficulties in monitoring implementation and compliance.

This regulation was approved in 2024 by a decree amending the earthquake-resistant standard for earthen structures and establishing the Comité national des constructions en terre

aux mêmes catastrophes. Ces séismes ont donc révélé la nécessité d'adapter la construction en terre aux exigences de sécurité actuelles.

En 2011, le Maroc s'est doté d'un règlement parasismique de la construction en terre (RPCT 2011). Cet ensemble de directives et de normes destinées à garantir la sécurité des ouvrages en terre en cas de séisme est essentiel et offre un cadre technico-juridique permettant à l'ensemble des intervenants et aux services compétents d'autoriser et de contrôler les bâtis en terre. Cette action décisive constitue une avancée historique profitable pour la promotion du matériau en question, et par conséquent, d'un habitat durable offrant les conditions de sécurité et d'habitabilité requises. Si le règlement présente un nombre d'avantages considérables (nouvelles normes de conception, meilleure résistance des bâtiments, préservation d'un savoir-faire,...), il se heurte aussi à des défis importants : freins à l'adoption généralisée de ses normes, particulièrement dans les zones rurales et montagneuses, manque de ressources ou de formation pour appliquer ces règles, augmentation des coûts de construction, difficulté de suivi de la mise en œuvre et de sa conformité, etc.

En 2024, ce règlement a été approuvé par un décret amendant le règlement parasismique pour les constructions en terre et instituant le Comité national des constructions en terre. Ce décret s'inscrit dans le cadre des mesures visant à renforcer la résilience des constructions au niveau des zones touchées par les séismes. Un autre règlement, cette fois-ci de dimensionnement des constructions en terre, est en cours d'élaboration. Il servira de manuel de référence pour l'ensemble des intervenants du secteur de la construction en terre, permettra de justifier la stabilité statique et sismique des structures porteuses en terre. De fixer les méthodes et les règles de calcul et déterminer les critères de dimensionnement et de justification des sections résistantes, et de mettre en place des techniques de suivi, de contrôle et de réception des travaux. Afin d'assurer le bon comportement des bâtis en terre.

Il est cependant essentiel d'investir dans la création de filières par la formation d'artisans, d'encourager l'adoption de normes modernes tout en respectant les techniques traditionnelles, et de promouvoir une plus grande sensibilisation des populations locales envers les enjeux de sécurité et de durabilité des constructions. Bien que les coûts initiaux de mise en œuvre des normes puissent être parfois plus élevés, les constructions en matériaux locaux qui s'y conforment sont conçues pour durer plus longtemps. Et à terme, offrir une meilleure résistance aux intempéries et aux tremblements de terre.

(National Committee for Earthen Buildings). This decree is part of a series of measures aimed at reinforcing the resilience of buildings in seismic zones. Another set of regulations, regarding the size of earthen structures, is currently being drafted. It will serve as a reference manual for all parties involved in the earth construction sector. It will help verify the static and seismic stability of earthen load-bearing structures. It will also contribute to establishing calculation methods and rules, define the criteria for dimensioning and for design verification of load-bearing sections, and implement techniques for monitoring, inspecting, and approving work, ensuring that earthen structures behave effectively.

However, investing in the creation of industries through the training of artisans, promoting the adoption of modern standards while preserving traditional techniques, and increasing local awareness of construction safety and sustainability are all crucial. Although the initial costs of implementing such standards may sometimes be higher, compliant constructions using local materials are designed to last longer and, ultimately, offer better resistance to extreme weather and earthquakes.

لقـد تمكّنـت المبانـي العملاقـة المنجـزة بالتـراب (التـراب المدكـوك والطـوب الترابـي المقولـب) والمنتميـة إلـى تراثنا فـي المغـرب، (مدن عتيقة وأسـوار المـدن الإمبراطوريّـة، وقصبات والقصـور) من الصمود أمـام مختلـف الـزلازل المدمّـرة التـي شـهدتها بلادنـا، لا سـيما الزلازل التي ضربت أكادير (1961) والحسـيمة (2004) ومؤخّراً جبال الأطلس (2023). وقد برهنت مقاومتها للزلازل على صلابتها الاستثنائيّة، وعلى تحكّـم كبيـر فـي الاسـتخدام فـي اختيـار المادّة وتدابير البنـاء المتعلّقة بالأسـس والأجزاء السـفليّة، وبرهنت أيضاً علـى مهـارة الحرفيّين الذين صمّموهـا. فـي المقابـل، أظهـرت البنـاءات الأكثـر تقليديّـة للمناطـق القرويّـة والجبليّـة هشاشـتها فـي مواجهة الكوارث نفسـها. وعلـى هذا النحو، كشـفت هذه الزلازل عن ضرورة مواءمة أسـلوب البناء بالتراب مـع مقتضيات السلامـة الحاليّة.

فـي عـام 2011، أصدر المغرب ضابط البنـاء المضادّ للزلازل والمطبّق على المباني المنجزة بالتراب (RPCT 2011). وتُعتبر هـذه المجموعة مـن التوجيهـات والمعايير الهادفة إلى ضمان سلامـة المباني الترابيّة فـي حال حدوث زلزال أساسـيّةً، وهـي تُوفّرُ إطاراً تقنيّاً وقانونيّاً يسـمح لجميـع الفاعليـن وللسـلطات المختصّـة بـالإذن لإنجاز بنايـات بالتراب، وبمراقبتها. ويُشـكّل هذا الإجراء الحاسـم خطوة تاريخيّة مفيدة لإعلاء شـأن المـادّة موضـوع الإجراء، ومن ثمّ إعلاء شـأن السـكن المسـتدام الـذي يضمـن الشـروط المطلوبـة للسلامـة ولصلاحيّـة السُّـكنى. ولئن كان ضابـط البنـاء يقـدّم عـدداً مـن المزايـا الهائلـة (علـى غـرار: معاييـر تصميـم جديدة، وقدرة أعلـى للمبانـي علـى الصمود، والمحافظة على المهـارات التقليديّـة...)، فإنّـه يصطدم كذلك بتحدّيات جسـيمة، تشـكّل عقبـات أمـام الاعتمـاد الشـامل علـى ما ورد فـي الضابط مـن معايير، لا سـيما فـي المناطـق القرويّة والجبليّـة، ومن بين هـذه التحدّيات نذكر: نقـص المـوارد أو التكوين لتطبيق هذه القواعـد، وزيادة تكاليف البناء، وصعوبـة متابعـة التنفيذ ومـدى امتثاله للمعايير، ومـا إلى ذلك...

وفـي سـنة 2024 تمّـت الموافقـة علـى هـذا الضابـط بمرسـوم عَـدّل ضابـط البنـاء المضـادّ الـزلازل المطبّـق علـى المبانـي المنجـزة بالطين، فنتـج عن ذلد إحداث اللجنـة الوطنيّة للمباني المنجزة بالطين. ويندرج هذا المرسـوم فـي إطار الإجراءات الرامية إلى تعزيز قدرة المباني على الصمـود فـي المناطق المتضـرّرة من الزلازل. وهنـاك ضابط آخر بصدد الإنجاز حاليّـاً، يُعنى هذه المرّة بحسـاب أبعاد المباني بالطين. وسـوف يكون هذا الضابط الجديد بمثابة دليل مرجعيّ لكافّة الفاعلين في قطاع البناء بالطين، وسيتيح ضبطَ الاستقرار الثابت والزلزالي للهياكل الحاملةِ المبنيّـة بالتـراب. وسـيُمكّن مـن ضبـط طـرق الحسـاب وقواعـده، ومن تحديد معاييـر حسـاب أبعاد الأقسـام المقاومة وتبريرهـا، ومن تطبيق تقنيات متابعة الأشغال ومراقبتها واستلامها. وذلك كلّه من أجل ضمان ردّ فعـل المبانـي المنجـزة بالتـراب إزاء الـزلازل. بيـد أنّـه مـن الضـروريّ الاستثمار في بعث مسارات لتكوين الحرفيّين، وتشجيع اعتماد المعايير الحديثـة وفـي الآن ذاتـه مراعاة التقنيـات التقليدية، وتعزيـز إذكاء وعي السـكّان المحلّيين تجاه تحدّيات سلامة المباني واسـتدامتها. ورغم أنّ التكاليـف الأوّليـة لتطبيـق المعايير المطلوبة يمكن أن تكـون أحيانـاً أكثر ارتفاعاً، فإنّ المباني المنجزة بالمواد المحلّية والمتقيّدة بتلك المعايير، صُمّمت لكي تدوم وقتاً أطول. وعلى المدى البعيد تمنح مقاومة أعلى فـي مواجهة التقلّبات الجوّية والهزّات الأرضيّة

1 استندنا في تعريب التسمية (règlement parasismique de la construction en terre) على: مصنّف النصوص القانونيّة التقنية المتعلقة بالبناء، الصادر عن وزارة إعداد التراب الوطني والتعمير والإسكان وسياسة المدينة (مديريّة الجودة والشؤون القانونية) في 2020، (المترجم)

التراب كمادّة للبناء: نظرة جيولوجيّ

منصف ابن سينا

إنّ التراب الخام هو المادّة الأوّليّة الأساسيّة المستعملة في العمارة العامّية، في المغرب. فهو مادّة متوفّرة على نطاق واسع في محيطنا المباشر، ومستعمَلة على وجه الخصوص في المراكز التاريخيّة والتجمّعات الضاحويّة والريفيّة، في منطقة الريف وجبال الأطلس، وفي المناطق المتاخمة للصحراء

إنّ تُرَب المملكة المغربيّة المتميّزة بتنوّع جيولوجيّ لافت، قد تشكّلت على مدار ملايين السنين من التطوّر الجيولوجيّ والجيومورفولوجيّ والمناخيّ. وينعكس هذا التنوّع في مناظر المغرب الطبيعيّة، ذات المميّزات الجيولوجيّة الخاصّة بكلّ منطقة: فالرمال والغرين والطمي والطين المتوفّرة في المناطق الجبليّة وفي سهول البلاد تسمح بإنتاج موادّ مستدامة، مقتصدة حراريّاً، وإيكولوجيّة، وتضطلع بدور رئيسيّ في البناء بالتراب وإعادة تأهيل التراث التاريخيّ

ويتوقّف توافر هذا المورد الطبيعيّ واستغلاله على البحث عن مواقع الاستخراج المناسبة، وتحديد الموادّ وتوصيفها، علاوةً على تحديد تقنيات البناء الملائمة. وقد أتاحت البحوث العلميّة تحسينَ قدرات التراب على المقاومة ومعالجة عيوب البناءات التقليديّة، فضلاً عن أعمال الترميم والحفظ على أفضل وجه. ومن هذا المنطلق، أعددنا مشاريع بحثيّة ميدانيّة في مواقع مختلفة داخل جنوب البلاد وشرقها، ونظّمنا عدداً من التظاهرات العلميّة بهدف التشجيع على استعمال التراب مادّةً بديلةً في البناء. وقد أُنجزت أغلب المباني في هذه الجهات بالتراب، باستخدام التراب المدكوك والطوب الترابي المقولب كأبرز تقنيتين للبناء. إنّ هذه المهارة المغربيّة التي مكّنت من بناء تراث ثريّ، تُظهر تحكّماً كبيراً في هذه المادّة ومعرفة عميقة بخصائصها. وحديثاً انضافت، إلى هاتين التقنيتين التقليديتين، تقنيةُ كتلة التراب المضغوط المثبّت (BTC)

إنّ التراب المدكوك (التابوت، اللّوح، الطابية، وما إلى ذلك) هو تقنية اعتُرف بكونها إحدى أقدم أنظمة البناء في العالم وأكثرها شهرةً. وتتمثّل في ملء قوالب خشبيّة بطبقات من التراب المستخرَج بالقرب من موقع البناء، وتثبّت بدعامات وتوضوع على عوارض رابطة (زرهوني وغيو، 2001) (Zerhouni et Guillaud, 2001). ويُخلط التراب منفرداً أو مضافاً إليه الجير والماء قبل ضغطه في طبقات متتالية بواسطة المدكّ اليدويّ. ذاك هو شغل البنّاء المختصّ في التراب المدكوك، والواقف فوق التابوت (القالب الخشبي)، ويتطلّب هذا الشغل مرونة وانتظاماً في العمل. ومن خلال دكّها للتراب، تَضبط ضربات المدكّ المتتالية على نطاق واسع إيقاع الحظيرة، وتُعطي وتيرةً للترانيم الدينيّة شديدة الخصوصيّة. وعلى هذا النحو، تؤمّن أجواء مواقع البناء الترابي بُعداً صوفيّاً تضفيه أدعيةُ الحمد لله. وتُستعمل تقنية التراب المدكوك في المساحات الكبيرة، في حين يُفضَّل عليها تقنية الطوب الترابيّ المقولب بالنسبة إلى الفضاءات الأكثر ضيقاً، وجدران الحجز والبناءات ذات العلوّ المرتفع، أو عندما تكون الأرض ذات طبيعة طينيّة إلى حدّ بعيد

وأمّا الطوب الترابي المقولب فهو طوب من التراب الخام، يُبلَّل ويجفَّف تحت الشمس، ثم يُستخدم في إنتاج عناصر البناء. ويُختار بعناية فائقة، وعادةً ما يُستخرج من الموقع نفسه، ويمكن أيضا جلبه من مسافات بعيدة بحثاً عن الجودة أو عن التجانس. وبعد أن تُخلط هذه التربة ذات التركيبة الطينيّة أساساً، بالرمل وأحياناً بالجير، وبالتبن أو الرماد حسب الاستخدام، تُبلَّل ثمّ تُعجن بالأقدام إلى غاية الحصول على عجين لَدِنٍ ومتجانس. ثمّ تصبُّ في قوالب خشبيّة، داخل إطار مزدوج، وتُملَّسُ باليد أو بالمسطرة. ويُنزع إطار القالب بضربة قويّة، فتبدأ التربة المبلّلة في التجفّف. ويُنشر في منطقة التجفّف التبنُ المفتّت أو نُشارةُ الخشب. وعلى هذا النحو تصير كتلة الطوب المقولب المتحصّل عليها جاهزة لعمليّة التجفيف تحت الشمس التي تستغرق بضعة أيّام. وإنّ الطوب المقولب، بمقاساته العاديّة 40 × 20 × 10 سم، يتّسم بدرجة مقاومة ضعيفة، غالباً ما تُستدرك من خلال سُمك البناء. وتُستخدم قطع الطوب المقولب في بناء الجدران المشكَّلة بالكامل من عناصر منضّدة. وتُستخدم كذلك في زيادة علوّ البناءات المشيّدة بتقنية التراب المدكوك؛ إذ إنّ تعلية الطوب الترابي المقولب تعتبر مناسبة أكثر على ارتفاعات كبيرة.

إنّ هاتين التقنيتين غالباً ما تتكاملان: فالتراب المدكوك يُستعمل خاصّة لبناء الجدران السميكة الأساسيّة. أمّا الطوب الترابي المقولب، وهو الأكثر مرونة، فيُستخدم في إتمام بناء الجدار من حيث العلوّ، ويصير عندها الجدار أقلّ سمكاً (السبتي، Sebti, 1985). وضمن هذين الشكلين (أي التراب المدكوك والطوب الترابي المقولب) فإنّ عنصري توفّر التراب ووفرته يجعلان منه مادّةً ملائمة جدّاً للتحدّيات الاقتصاديّة والمناخيّة الراهنة

أمّا كتلة التراب المضغوط فهي النسخة الحديثة من الطوب المقولب أو الطوب الترابي المقولب. إنّها عنصر بناء متوازية الأسطح، يُتحصّل عليها بواسطة عمليّة رصّ ثابت، لتربة أُختيرت بشكل صحيح ونُخّلت مع كمّية من الماء معدّة مسبقاً، في مِكبسٍ يدويّ أو ميكانيكيّ. ويتمثّل المنتج الحاصل في كتلة كثيفة ذات زوايا قائمة وقد تقلّص حجمها إلى النصف

واليوم، عادت مختلف هذه التقنيات إلى الظهور في المغرب لأسباب عديدة، نذكر منها: الطلب المرتفع جدّاً على المساكن، وتضخّم كلفة موادّ البناء الكلاسيكيّة، والاهتمام بما تنطوي عليه هذه التقنيات من إمكانات في سياق التغيّر المناخيّ والتنمية المستدامة. وإنّ الجيولوجيّ هو من يتأكّد من ثبات هذه التقنيات ويحدّد موقع إنجاز المنشأة ونمط الأُسُس المعتمد.

وكان تنظيم عدد كبير من التظاهرات العلميّة (مؤتمرات، ندوات، محاضرات، منتديات، ورشات، إلخ) المتمحورة حول مادّة التراب، يهدف إلى تحسين أنظمة البناء العامّية هذه، وتثمينها، وتسليط الضوء على مراجع جديدة معياريّة لهذا الأسلوب في البناء

MATIÈRE À PENSER

LA RÉINSCRIPTION DE LA TERRE ET DES MATÉRIAUX LOCAUX POUR BÂTIR UN MONDE PLUS DÉSIRABLE

PHILIPPE GARNIER
Architecte-Chercheur

Ce qui constitue une grande partie de notre patrimoine bâti a été possible grâce aux techniques de construction et aux savoirs associés aux matériaux issus de la transformation de ressources minérales, végétales et animales locales. Ces techniques de construction ont été perfectionnées au cours du temps, souvent à travers des processus d'expérimentation, pour répondre à de nouveaux besoins ou enjeux.

Le concept de matériaux locaux, qui a connu ses prémices dès la fin des années 1970, prend de plus en plus de sens sur le continent africain. Cette appellation, qui réfère au « local », renvoie directement à la notion de disponibilité et de proximité, donc d'économie, tandis que « matériau » implique celle d'une matière première qui doit être transformée avant d'être utilisée (avec éventuellement un possible réemploi ou recyclage en fin de vie, ce qui rapproche ce concept de celui, plus récent, de « circuit court »).

Leur usage dans la construction peut être défini ainsi : « construire son habitat en privilégiant les ressources disponibles localement, matérielles et humaines, avec des impacts bénéfiques sur les plans économique, social, culturel et environnemental, tant au niveau local que global ». Ces matériaux locaux, résultat de la transformation ou de l'assemblage d'une ou de plusieurs ressources naturelles extraites à proximité du site de construction, nécessitent peu de transformation pour constituer des éléments ou composants pouvant remplir diverses fonctions (supporter, isoler, clore, etc.), avec une économie maximale d'énergie non renouvelable pour la construction d'un édifice puis son usage. Ils peuvent être classés en deux catégories principales : les « biosourcés » d'origine végétale ou animale – la matière qui les constitue est issue de la biomasse et les « géo-sourcés » d'origine minérale – la matière qui les constitue est issue des couches géologiques ou pédologiques de la croûte terrestre.

Les matériaux locaux, reconnus par la recherche scientifique et l'expérimentation, constituent donc un immense potentiel de valorisation des cultures constructives locales. Les architectures traditionnelles étant toujours des modèles particulièrement intéressants d'architecture bioclimatique.

Sous l'influence de la globalisation, ces pratiques ont toutefois tendance à disparaître. L'avènement de nouveaux procédés de production et de construction à l'ère industrielle a provoqué une certaine « rupture ». Si elles persistent encore en de nombreux endroits, les cultures constructives « traditionnelles » ont vu leurs champs d'application se réduire, voire disparaître pour certaines, et les savoirs associés avec. Ces intelligences constructives « traditionnelles » constituent pourtant un vivier d'innovations important, pouvant jouer un rôle majeur en substitution ou complément des matériaux industriels ou « thermo-industriels » (qui nécessitent, eux, des étapes de transformation avec d'importantes consommations d'énergie et de production de gaz à effet de serre, de déchets dont certains sont fort polluants).

MATTER OF THINKING

RECLAIMING THE EARTH AND LOCAL MATERIALS TO BUILD A MORE DESIRABLE WORLD

PHILIPPE GARNIER
Architect-Researcher

A significant part of our built heritage was made possible by construction techniques and knowledge related to materials obtained from processing local mineral, plant, and animal resources. These construction techniques have been honed over time through experimentation, addressing emerging needs while overcoming new challenges.

The concept of "local materials," which first emerged at the end of the 1970s, is becoming increasingly relevant on the African continent. The term "local" directly relates to notions of availability and proximity, and therefore of economy, meanwhile, "materials" refers to the idea of raw materials that must be transformed before being used (and potentially reused or recycled at the end of their life, which is close to the more recent concept of short supply chain).

Their use in construction can be defined as follows: "Building a house by prioritizing locally available resources, both material and human, with positive economic, social, cultural, and environmental impacts, on a local and global scale." These local materials are the result of the transformation or assembly of at least one natural resource extracted near the construction site. They require very little processing to form elements or components that perform different functions (support, insulation, enclosure, etc.). This maximizes energy savings during the construction period and in the subsequent use of the building. There are two main categories: "bio-based" materials from plant or animal sources, meaning their components originate in biomass, and mineral-based "geosynthetic" materials that are made from the geological or pedological layers of the Earth's crust.

Backed by scientific research and experimentation, local materials offer a huge potential for promoting local building traditions, and in conjunction, traditional architecture models are always particularly interesting for bioclimatic architecture.

However, due to globalization, these practices are disappearing. The rise of new production and construction processes brought about by the industrial age caused a kind of break from tradition. While they still persist in many places, the fields of application of traditional building cultures have dwindled, and in some cases disappeared completely, along with their associated knowledge. However, traditional construction knowledge represents a significant pool of innovation. It can play a major role in replacing or complementing industrial materials or thermo-industrial materials, whose production requires energy-intensive stages that generate greenhouse gases and waste, some of it highly polluting.

Materials for a New Way of Building

As a response to the energy crisis of the early 1970s, new social, economic, and philosophical models emerged, and initiatives were launched to produce differently, considering local materials as viable alternatives to energy-consuming construction techniques. Raw earth and bioclimatic architecture, among others, were at the forefront of this revival. Across Europe, Africa, and other continents, a multitude of experimental and research initiatives were undertaken to modernize local materials and traditional

Des matériaux pour construire autrement

Confrontées à la crise de l'énergie du début des années 1970, à la recherche de nouveaux modèles sociaux, économiques et philosophiques, des initiatives sont lancées pour produire « autrement » et considérer les matériaux locaux comme alternatives viables aux techniques de construction énergivores. La terre crue tout comme le bioclimatisme, pour ne citer qu'eux, deviennent les fers de lance de ce renouveau. En Europe, en Afrique comme dans d'autres endroits du monde, de nombreuses expérimentations et recherches sont menées en vue de réactualiser les matériaux locaux et les techniques de construction « traditionnelles ».

Un mouvement se développe pour la « technologie appropriée » dans la construction, avec de nombreux projets, dont quelques-uns ambitionnent déjà le montage de véritables filières. Ces expérimentations trouvent des applications dans le cadre de politiques de transfert de technologies qui font partie de coopérations bilatérales ou de programmes des Nations unies (entre autres BIT, PNUD ou CNUEH). Cette période « faste » conduit à la production et la diffusion de nouvelles connaissances scientifiques et technologiques s'appuyant notamment sur la technique du bloc de terre comprimée stabilisé (BTC) ou encore la réintroduction de formes architecturales traditionnelles pour les toitures, à l'instar du projet Construction sans bois développé par Development Workshop en zone sahélienne. Un réseau international sera même créé à la fin des années 1980 avec l'objectif de conseiller et diffuser de l'information sur les technologies appropriées pour le bâtiment.

Au tournant du millénaire, avec la fin de la Stratégie mondiale du logement promue par les Nations unies, l'engouement pour les « technologies appropriées » s'essouffle. Initialement perçue comme la solution au problème de l'accès à un habitat décent pour tous, cette approche n'a pas permis d'atteindre les résultats escomptés. Malgré quelques succès importants, elle se heurte aux réalités du terrain mettant en exergue les manques et les faiblesses des projets : mauvais dimensionnement dû à une absence de prise en compte des compétences disponibles et des temporalités nécessaires à l'apprentissage. Cette situation va finir par générer de la frustration, qui à terme rejaillit sur la dynamique des matériaux locaux.

Vers un renouveau des matériaux locaux à l'aune des objectifs du développement durable

Depuis une dizaine années, on constate un retour en grâce des matériaux locaux, qui bénéficient d'un cadre et d'un contexte beaucoup plus favorables. D'un côté, les connaissances scientifiques ont largement progressé et sont beaucoup plus solides : les matériaux locaux sont des objets de recherche et ont gagné en reconnaissance et en maturité. D'un autre côté, la prise de conscience de la réalité du changement climatique et les besoins en habitat durable sont aigus et font résonance aux approches douces, durables, équilibrées et locales développées autour des matériaux locaux. La menace exercée sur les milieux naturels et humains par les pratiques actuelles du bâtiment, avec leurs conséquences socio-économiques, accentue l'intérêt porté à des matériaux et des techniques en phase avec les objectifs de développement durable.

Ce regain d'intérêt au niveau international de la part de nombreux acteurs (architectes, collectivités, institutions publiques, entreprises, etc.) modifie en profondeur l'image des matériaux locaux et des techniques dites « vernaculaires ».

construction techniques.

A movement promoting the use of appropriate technology in construction gained momentum, with numerous projects, some of which aspired to set up full-scale industries. These experiments resulted in applications within the framework of technology transfer policies that were part of bilateral cooperation or United Nations programs (including the ILO, UNDP, and UNCHS). This golden age led to the production and dissemination of new scientific and technological knowledge, particularly regarding stabilized compressed earth blocks (CEB) and the revival of traditional architectural forms for roofs, seen in projects such as the Woodless Construction project carried out by Development Workshop in the Sahel zone. An international network[1] was even established in the late 1980s to advise on and disseminate information about appropriate technologies for the construction industry.

As the United Nations Global Housing Strategy neared its end at the turn of the millennium, the enthusiasm for appropriate technologies began to decline. Initially considered as the solution to the problem of access to decent housing for all, this approach ultimately failed to meet expectations. Despite some significant achievements, the projects encountered challenges on the ground that revealed their limitations and vulnerabilities. They included a lack of consideration for the skills and learning time required for scaling. This situation ended up generating frustration, which in the long term had repercussions on the dynamics of local materials.

A Revival of Local Materials to Meet Sustainable Development Objectives

Over the past decade, we have witnessed a resurgence of local materials, which have been enjoying a much more favorable environment and context. On the one hand, scientific knowledge has made significant progress and is much more well-grounded: Local materials are now research subjects and have gained recognition and maturity. On the other hand, people are increasingly aware of the reality of climate change and of the need for sustainable housing. This awareness aligns with the gentle, sustainable, balanced, and local approaches that utilize local materials. With current construction methods posing a threat to both the natural and human environment, and having significant socio-economic impacts, there has been a growing interest in using materials and techniques that align with sustainable development goals.

The renewed interest at the international level from many stakeholders (architects, local authorities, public institutions, companies, etc.) has profoundly changed the image of local materials and so-called vernacular techniques. Even if this trend is more clearly observed among more affluent populations in "wealthy" countries, these materials are now presented with a resolutely contemporary perspective, combining tradition and modernity, while adopting a sustainable approach.

In this way, the idea of using local materials seems especially promising in the building sector, and more broadly in the housing industry. By proposing to focus on research and training in this sector, and by promoting proven technical solutions that are accessible to the majority of the population, we can give the most disadvantaged the best chance of responding effectively to today's challenges while confronting the threats associated with climate change, both locally and globally.

Although traditional production still exists, some of these resources were examined and proposals for improvements were made. Feedback from the last few decades shows that the potential for large-scale use depends on supply conditions, as well as on local capacities to implement them, both from a technical and economic

Même si cette tendance s'observe plus nettement au sein de catégories de population plus aisées et dans les pays « riches », ces matériaux sont désormais présentés sous un angle résolument contemporain, articulant tradition et modernité et s'inscrivant dans une démarche durable.

Car c'est bien dans le secteur de la construction, et plus largement de l'habitat, que le concept de matériaux locaux apparaît particulièrement porteur. En proposant de focaliser les recherches et la formation dans ce secteur, et en promouvant les solutions techniques déjà éprouvées, à la portée de la majorité de la population, toutes les chances sont mises du côté des plus démunis, pour répondre aux enjeux actuels de façon pertinente, à la fois au niveau local et au niveau global, et en réponse au risque lié à la poursuite du changement climatique.

Alors que des continuités de ces utilisations traditionnelles existent toujours, certaines de ces ressources ont fait l'objet d'études et de propositions d'améliorations. Les retours d'expériences de ces dernières décennies en la matière mettent en exergue que le potentiel d'utilisation à grande échelle dépend toutefois des conditions d'approvisionnement, mais aussi des capacités locales pour les mettre en application, du point de vue technique comme économique. Il s'agit aussi de trouver des réponses en correspondance avec les moyens et attentes des populations en matière d'amélioration de leur habitat (usage, valeur). Avant de pouvoir se lancer dans des projets de valorisation de ces matériaux locaux, il est donc important d'avoir une bonne évaluation qualitative et quantitative des ressources naturelles disponibles, mais aussi de prendre en compte les ressources humaines pouvant les valoriser. Cela inclut les systèmes d'acteurs et les compétences – existants ou nécessaires – pour assurer un approvisionnement et une valorisation durable et raisonnée.

Une phase de diagnostic est à encourager pour bien identifier le potentiel existant sur un territoire donné, afin de répondre aux besoins de manière à la fois efficace et soutenable. Pour cela, une bonne connaissance des cultures constructives locales – incluant les modes d'habiter, mais aussi de gestion et d'approvisionnement – est un préalable nécessaire pour tout type de projet.

En effet, beaucoup de métiers reposant sur les savoirs traditionnels de gestion des écosystèmes, d'extraction des ressources et d'utilisation des matériaux locaux présentent de forts potentiels d'actualisation et de redynamisation. Il existe aussi nombre de recettes locales pour des additifs permettant une amélioration des matières premières de base : traitements dans la masse, traitements de surface, peintures, etc. Ces savoir-faire et recettes traditionnels sont aussi un important vivier d'innovations pour la création de « nouveaux » bétons, mortiers ou traitements antiparasites écologiques.

Renouveau et reconnaissance sur le continent africain

En Afrique, cette reconnaissance des matériaux locaux et des savoir-faire associés s'observe à travers diverses initiatives. Ces initiatives sont portées aussi bien par le secteur public que privé ou par la société civile, très sensibilisée à la terre crue ou aux fibres, grâce à une maîtrise d'œuvre de plus en plus compétente. Elles s'inscrivent dans des projets de logements, d'équipements publics, touristiques ou encore commerciaux reflétant une démarche sociale, culturelle ou écologique, souvent les trois à la fois. Utilisée depuis des millénaires pour

point of view. Another issue is finding solutions that match people's means and expectations in terms of improving their homes (use, value). Before starting projects aimed at developing these local materials, it is therefore important to conduct a thorough qualitative and quantitative assessment of the natural resources available, as well as to consider the human workforce that can be leveraged. This includes networks of stakeholders and the existing or necessary skills to ensure sustainable and practical supplies and development.

A diagnostic phase must first be carried out to correctly identify a given area's potential to meet needs in an efficient and sustainable way. To this end, a good understanding of local building cultures-including housing, management, and supply methods-are prerequisites for all types of projects.

Indeed, many trades that are based on traditional knowledge of managing ecosystems, extracting resources, and using local materials hold significant potential for modernization and revitalization. There are numerous regional formulas for additives that enhance the quality of raw materials, including mass treatments, surface treatments, and paint. These traditional skills and formulas are also a valuable resource for developing new concretes, mortars, and environmentally friendly pest control solutions.

Revival and Recognition on the African Continent

In Africa, various initiatives attest to this recognition of local materials and associated skills. They are supported by the public and private sectors and by civil society, which is well acquainted with raw earth and fibers, due to increasingly proficient contractors. These initiatives are part of housing, public facilities, tourism, and commercial projects that adopt a social, cultural, or ecological approach, frequently combining all three aspects. For millennia, raw earth has been used in construction. It is experiencing a resurgence in modern construction due to its proximity, the revival of traditional skills, energy efficiency, interior comfort, and the circular economy, among other factors. There is a wide variety of techniques and uses involving raw earth as a structural material (rammed earth, adobe, CEB, etc.), as a filling material (daub), or even as a coating over an earthen or non-earthen surface.

More and more architecture and engineering schools on the continent are now including local materials in their educational programs. Vocational training programs expand in the same way and "green" entrepreneurship is growing; stakeholder networks are emerging; and research is advancing. Conferences on local materials, traditional knowledge, sustainable architecture, and the circular economy, among other topics, are being organized. Lastly, regulatory frameworks are beginning to evolve, adapt, and integrate these practices, sometimes with the help of public policies that promote sustainable construction.

Although there are still hurdles to overcome and further progress to be made, local building materials are now gaining greater recognition. The context is now more propitious to their development through greater consideration and better management of local resources. This can be witnessed to varying degrees across the continent. Today, we can see the first signs of the emergence of a real ecosystem, which is evolving according to demand and a growing market. However, these dynamics remain fragile and too fragmented. Supporting and guiding the development of this ecosystem is a major challenge if we are to achieve sustainable, large-scale results. This implies long-term political commitments and ambitious strategies.

The COVID-19 pandemic has reminded us of the value of short and resilient production chains, just as the 1973 oil crisis sparked renewed interest in local materials, which are often abundant

la construction, la terre crue est de nouveau appréciée pour la construction contemporaine : proximité de la matière première, valorisation des savoir-faire, sobriété énergétique, confort intérieur, économie circulaire, etc. Il existe une très grande variété de techniques et d'usages impliquant la terre crue comme matériau structurel (pisé, adobe, BTC, etc.), comme matériau de remplissage (torchis) ou encore comme enduit sur un support en terre ou non.

Un nombre de plus en plus important d'écoles d'architecture et d'ingénieurs sur le continent intègrent les matériaux locaux dans leurs programmes pédagogiques. Les programmes de formation professionnelle s'enrichissent de la même façon et l'entrepreneuriat « vert » se démocratise. Des réseaux d'acteurs voient le jour. La recherche se développe et des conférences s'organisent autour des questions liées aux matériaux locaux, aux savoirs vernaculaires, à l'architecture durable et l'économie circulaire, etc. Enfin, les cadres réglementaires commencent à évoluer pour s'adapter et intégrer ces pratiques encadrées parfois par des politiques publiques s'engageant en faveur de la construction durable.

Bien qu'il existe toujours des freins et qu'il reste du chemin à parcourir, les matériaux locaux pour la construction bénéficient aujourd'hui d'une meilleure reconnaissance. Le contexte est désormais plus favorable à leur développement, à travers une prise en compte et une meilleure gestion des ressources locales. Cela peut s'observer à divers degrés sur l'ensemble du continent. Il est possible de constater aujourd'hui les prémices de la constitution d'un véritable écosystème, qui se développe en rapport à une demande et un marché en croissance. Cependant, ces dynamiques restent fragiles et encore trop isolées. Soutenir et accompagner l'émergence de cet écosystème constitue un enjeu majeur afin d'obtenir des résultats durables et à grande échelle. Cela impose des engagements politiques dans la durée et des stratégies ambitieuses.

La pandémie de la Covid-19 a rappelé l'intérêt des filières de production courtes et résilientes. Tout comme le choc pétrolier de 1973 avait remis au goût du jour les matériaux locaux de construction, souvent abondants et peu consommateurs d'hydrocarbures. Face à l'immense défi de loger, dans des conditions décentes, des millions de personnes et de s'adapter au changement climatique, les matériaux de construction locaux peuvent apporter une contribution significative, s'ils sont prélevés de manière responsable, mis en œuvre selon les règles de l'art, et recyclés comme il convient. En 1981, les architectures en terre faisaient l'objet d'une remarquable exposition au Centre Georges Pompidou en 1981 : *L'avenir d'une tradition millénaire*[2]. Ce titre sonne plus que jamais juste dans le monde d'aujourd'hui.

and require little fossil fuel. Faced with the immense challenge of providing decent housing for millions of people and adapting to climate change, local building materials can make a significant contribution if they are responsibly sourced, properly implemented, and recycled. In 1981, a remarkable exhibition was held at the Centre Georges Pompidou entitled Des Architectures de terre ou l'avenir d'une tradition millénaire[2] *(Earthen Architecture, the Future of a Millennia-Old Tradition). Today, this title is more relevant than ever.*

1 - BASIN (Building Advisory Service and information Network), réseau de conseil et d'information pour le bâtiment aujourd'hui disparu.

2 - Architectures de terre ou l'avenir d'une tradition millénaire, édition du Centre Georges Pompidou, Paris, 1981.

1 - BASIN (Building Advisory Service and Information Network), a building advice and information network that no longer exists.

2 - Architectures de terre ou l'avenir d'une tradition millénaire (Centre Georges Pompidou, Centre de création industrielle, 1981)

اقتصاديّة واجتماعيّة من شأنها أن تعزّز الاهتمام بموادّ وتقنيات متناغمة مع أهداف التنمية المستدامة.

إنّ هذا الاهتمام المتجدّد على المستوى الدوليّ من عديد الأطراف الفاعلة (من مهندسين معماريّين وجماعات محلّية ومؤسّسات عموميّة وشركات،وما إلى ذلك ..)، قد غيّر بشكل عميق صورة الموادّ المحلّية وما يُسمّى بالتقنيات «العاميّة». وعلى الرغم من أنّ هذه النزعة منتشرة بشكل أوضح عند الفئات السكّانيّة الأكثر ثراءً وداخل البلدان «الغنيّة»، فإنّ هذه المواد تُقدَّم اليومَ من زاوية معاصرة تماماً، تربط بين التقاليد والحداثة وتندرج ضمن مقاربة مستدام

ففي قطاع البناء تحديداً بشكل خاصّ، وفي مجال الإسكان بشكل أوسع، يبدو مفهوم الموادّ الأوليّة واعداً. ذلك أنّه من خلال اختيار التركيز على هذا القطاع في البحوث والتكوين، ومن خلال تشجيع الحلول التقنيّة التي سبق أن أثبتت فاعليّتها، وهي في متناول غالبيّة السكّان، ستكون جميع الفرص في صالح الفئات الأكثر فقراً، من أجل مواجهة التحدّيات الراهنة بشكل مناسب، على الصعيدين المحلّي والعالميّ على حدّ سواء، وكذلك من أجل مواجهة الخطر المرتبط باستمرار بالتغيّر المناخيّ.

وفي حين أنّ هذه الاستخدامات التقليديّة ما تزال مستمرّة، فإنّ عدداً من هذه الموارد أضحى موضوعاً للبحث ولمقترحات التحسين. وتُبرز الدروس المستفادة من التجارب السابقة في هذا الشأن طيلةَ العقود الأخيرة، أنّ إمكانات الاستخدام واسعِ النطاق تعتمد على ظروف التزوّد، ولكن ترتبط أيضاً بالقدرات المحلّية على تطبيق هذه الاستخدامات التقليديّة، سواء أكان ذلك من النواحي التقنيّة أو الاقتصاديّة. ويتعلّق الأمر كذلك بالبحث عن حلول تتماشى مع إمكانات السكّان وانتظاراتهم، في ما يتعلّق بتحسين سكنهم (الاستخدام، القيمة). وقبل الشروع في مشاريع تثمين هذه الموادّ المحلّية، فإنّ من المهمّ إذن إجراءُ تقييم دقيق نوعيّ وكمّي للموارد الطبيعيّة المتاحة، ولكن مع مراعاة الموارد البشريّة القادرة على تثمينها. وهذا يشمل أنظمة الفاعلين، والكفاءات -المتوفّرة أو الضروريّة- بهدف تأمين تزوّدٍ وتثمينٍ مستدام ورشيد.

وينبغي تشجيع مرحلة التشخيص من أجل تحديد الإمكانات المتوفّرة في إقليم معيّن، قصد الاستجابة للحاجات بشكل ناجع ومستدام في الآن ذاته. ولتحقيق ذلك، تُعتبر المعرفة الجيّدة بثقافات البناء المحلّية – تشمل أنماط السكن، ولكن كذلك طرق التصرّف والتزوّد- شرطاً ضروريّاً لأيّ نوع من المشاريع

وفي الواقع، هناك إمكانات هائلة للتحديث ولإعادة التنشيط لدى الكثير من المهن المرتكزة على المعارف التقليديّة التي تخصّ إدارة النظم الإيكولوجيّة، واستخراج الموارد واستعمال الموادّ المحلّية. وتوجد كذلك وصفات محلّية عديدة تتّصل بإنشاء إضافات تسمح بتحسين الموادّ الأوّليّة الأساسيّة، مثل: معالجات الكتلة، والمعالجات السطحيّة، والطلاءات، وما إلى ذلك ... وتعتبر هذه المهارات والوصفات خزّاناً مهمّاً كذلك للابتكارات، من أجل إنشاء أصناف جديدة من الخرسانة، والمِلَاطِ، والعلاجات الإيكولوجيّة المضادّة للطفيليّات.

تجديد واعتراف على مستوى القارة الإفريقية

يظهر هذا الاعتراف بأهمّية الموادّ المحلّية والمهارات المرتبطة بها في إفريقيا، من خلال تنظيم عدد من المبادرات. وقد اضطلع بهذه المبادرات القطاعان العامّ والخاصّ على حدّ سواء، وكذلك المجتمع المدنيّ الذي يهتمّ إلى حدّ كبير بالتراب الخامّ والألياف، وذلك بفضل إدارة مشاريع ما فتئت تزداد كفاءةً أكثر فأكثر. وتندرج هذه المبادرات ضمن مشاريع الإسكان، والمرافق العموميّة، السياحيّة والتجاريّة كذلك، وهي تجسّم تمشّياً اجتماعيّاً وثقافيّاً وبيئيّاً، وغالباً ما تكون المقاربات الثلاث معاً. لقد أُعيد الاعتبار من جديد في البناء المعاصر للتراب الخامّ المستعمَل منذ آلاف السنين في أعمال البناء، ويعود ذلك إلى عدد من الأسباب، نذكر منها: قرب المادّة الأوليّة، وتثمين المهارات، والتقشّف الطاقيّ، والرفاهة الداخليّة، والاقتصاد الدائريّ، وما إلى ذلك ... وهناك تنوّع كبير جدّاً في التقنيات والاستخدامات التي توظّف التراب الخام بوصفه مادّةً بنائيّة (التراب المدكوك، والطوب الترابي المقولب، والطوب الترابي المضغوط)، أو مادّة حشوٍ (طوب ممزوج بالقشّ) أو بوصفه طلاءً لدعامةٍ مّا، من التراب أو من غيره

وقد بُعث هناك في القارة الإفريقيّة عددٌ متزايد من مدارس الهندسة المعماريّة، ومن المهندسين الذين أدمجوا في برامجهم البيداغوجيّة موادّ البناء المحلّية. وعلى هذا المنوال نفسه، أُثريت برامج التكوين المهنيّ، وشهدت ريادة الأعمال «الخضراء» نموّاً متسارعاً. وظهرت للوجود شبكاتٌ خاصّة بالجهات الفاعلة. وتطوّر البحث، وانتظمت الندوات التي تناولت بالدرس مسائل مرتبطة بالموادّ المحلّية، والمعارف العاميّة، والعمارة المستدامة والاقتصاد الدائريّ، وما إلى ذلك ... أخيراً، بدأت الأطر التنظيميّة في التطوّر، حتّى توافق وتدمج هذه الممارسات التي تخضع أحياناً لسياسات عموميّة ملتزمة بالبناء المستدام

ولئن ظلّت بعض العوائق قائمة لم تتزحزح تشعر بأنّ طريقاً طويلة ما زال يتوجّب قطعها، فإنّ الموادّ المحلّية المعَدّة للبناء تحظى اليومَ بتقدير أفضل من ذي قبل، فقد غدا السياق مناسباً الآن أكثر ممّا مضى لتطوّرها، عن طريق إدماج الموارد المحلّية وحسن التصرّف فيها. وهذا الأمر يُمكن ملاحظته بدرجات متفاوتة في جميع أنحاء القارة. فمن اليسير اليومَ معاينة إرهاصات تشكّل نظام إيكولوجيّ حقيقيّ آخذ في النموّ، في علاقة مع حركة طلب وسوق متناميَيْن. بيد أنّ هذه الديناميكيّات تظلّ هشّة، زد على ذلك أنّها ما تزال معزولة جدّاً. وإنّ دعم هذا النظام الإيكولوجيّ ومرافقته يعتبران تحدّياً رئيسيّاً، لا بدّ من خوضه من أجل تحقيق نتائج مستدامة وواسعة النطاق. ويستوجب ذلك توفّرَ التزامات سياسيّة على المدى الطويل، وقيامَ استراتيجيّات طموحة

وقد ذَكّرتْ جائحة كورونا بأهمّية سلاسل الإنتاج القصيرة والمرنة. شأنُها في ذلك شأنُ الصدمة النفطيّة لعام 1973 التي شجّعت على العودة إلى استخدام موادّ البناء المحلّية، لما تتميّز به من وفرة في أغلب الحالات ولضعف استهلاكها للهيدروكربونات. وسعياً إلى مواجهة التحدّي الهائل المتعلّق بإسكان ملايين الأشخاص في ظروف لائقة والتكيّف مع التغيّر المناخيّ، فإنّه يمكن لموادّ البناء المحلّية أن تكون لها مساهمة كبيرة، إذا ما استُخرجت بشكل مسؤول، واستُخدمت وفقاً للقواعد المتّبعة، وأُعيد تدويرها كما ينبغي. وفي 1981، مثّلت العمارات الترابيّة محورا لمعرضٍ رائعٍ أقيم في مركز جورج بومبيدو: «مستقبل تقليد ألفيّ». إنّ هذا العنوان ينطق بلسان عالَمنا الحاليّ أكثر من أيّ وقت مضى

فيليب غارنييه، مهندس معماريّ-باحث، مسؤول عن البرنامج البحثيّ «مساكن»، وحدة البحث، عمارة بيئة وثقافات البناء (AE&CC) - مركز الأبحاث للعمارة الترابيّة (CRAterre)، المدرسة الوطنيّة العليا للهندسة المعماريّة في غرونوبل (ENSA) - جامعة غرونوبل آلب (UGA)

---

1 BASIN (Building Advisory Service and information Network), réseau de conseil et d'information pour le bâtiment aujourd'hui disparu.

2 « Architectures de terre ou l'avenir d'une tradition millénaire », édition du Centre Georges Pompidou, Paris, 1981

موادٌّ للتفكير: إعادة تسجيل التراب والمواد المحلّية من أجل بناء عالم مرغوب فيه

فيليب غارنييه

إنّ جزءاً مهمّاً من تراثنا البنائيّ أمكن تحقيقه بفضل تقنيات البناء والمعارف المرتبطة بالموادّ الناتجة عن تحويل الموارد المعدنيّة والنباتيّة والحيوانيّة المحلّية. وبمرور الوقت، أُدخلت مجموعة من التحسينات على تقنيات البناء هذه، وتمّ ذلك في أغلب الأحيان بواسطة عمليّات تجريبيّة، قصد الاستجابة لاحتياجات طارئة أو مواجهة تحدّيات جديدة

إنّ مفهوم الموادّ المحلّية الذي شهد بداياته الأولى منذ نهاية سبعينيّات القرن العشرين، قد اكتسب أهمّية متزايدة في القارّة الإفريقيّة. وهذه التسمية التي تشير إلى «المحلّي»، تحيل مباشرة على فكرة التوافر والقرب، ومن ثَمّ على فكرة الاقتصاد، في حين أنّ مصطلح «المادّة» يتضمّن فكرة المادّة الأوّليّة التي ينبغي تحويلها قبل استخدامها (مع إمكانيّة إعادة الاستعمال أو التدوير في نهاية عمرها، وهو ما يُقرّب هذا المصطلح من المفهوم الأحدَث، «الدائرة القصيرة»)

ويمكن تعريف استخدام الموادّ المحلّية في البناء على النحو الآتي: «بناء كلّ فرد لمنزله من خلال منح الأولويّة للموارد المتوفّرة محلّياً، سواء أكانت موارد ماديّة أم بشريّة، مع ما يتضمّنه ذلك من آثار إيجابيّة اقتصاديّاً واجتماعيّاً وثقافيّاً وبيئيّاً على الصعيدين المحلّي والعالميّ». إنّ هذه الموادّ المحلّية التي تأتي نتيجة لتحويل أو دمج إحدى الموارد الطبيعيّة المستخرَجة بالقرب من موقع البناء أو عددٍ منها، تتطلّب قليلاً من التعديل حتّى تشكّل عناصر أو مكوّنات قادرة على أداء وظائف مختلفة (التحمّل، والعزل، والإغلاق،وما إلى ذلك ..)، مع ضمان أقصى توفير ممكن في استهلاك الطاقة غير المتجدّدة، لدى تشييد مبنى مّا ثمّ لدى استخدامه. ويمكن تصنيف الموادّ المحلّية إلى صنفين أساسيّين، وهما: «الموادّ ذات المصادر البيولوجيّة» من أصل نباتيّ أو حيوانيّ -المادّة التي تكوّن هذه المواد مستخرجة من الكتلة الحيويّة، و»الموادّ ذات المصادر الجغرافيّة» من أصل معدنيّ- المادّة التي تكوّنها مستخرَجة من الطبقات الجيولوجيّة أو من الطبقات السطحيّة للقشرة الأرضيّة

إنّ الموادّ المحلّية التي أثبت البحث العلميّ والتجربة قيمتها، تنطوي إذن على إمكانات هائلة لتثمين ثقافات البناء المحلّية. فالعمارات التقليديّة هي نماذج للعمارة المناخيّة الحيويّة، تثير الاهتمام دائماً.

ومع ذلك، وبفعل العولمة، تتّجه هذه الممارسات نحو الاختفاء. وقد تسبّب ظهور طرق إنتاج وبناء جديدة ارتبطت بالعصر الصناعيّ، في إحداث نوع من «القطيعة». وعلى الرغم من أنّ ثقافات البناء «التقليديّة» ما تزال مستمرّة في الكثير من الأماكن، فإنّ مجالات تطبيقها آخذة في التقلّص، بل وفي الاندثار بالنسبة إلى بعضها، ومعها اندثرت المعارف المرتبطة بها. وتمثّل هذه المهارات البنائيّة «التقليديّة» مستودعاً مهمّاً للابتكارات، بإمكانه الاضطلاع بدور رئيسيّ بوصفه بديلاً أو مكمّلاً للموادّ الصناعيّة أو «الحراريّة الصناعيّة» (التي تتطلّب مراحل تحويليّة عديدة تستهلك كمّيات كبيرة من الطاقة، وتنتج الغازات الدفيئة، وتخلّف نفايات بعضها شديد التلويث)

موادّ للبناء بشكل مختلف

في مواجهة الأزمة الطاقيّة لبداية سبعينيّات القرن العشرين، وبحثاً عن نماذج اجتماعيّة واقتصاديّة وفلسفيّة جديدة، أُطلِقتْ مبادرات من أجل إنجاز مبانٍ «بشكل مختلف»، واعتبار الموادّ المحلّية بدائلَ عمليّة لتقنيات البناء المفرطة في استهلاك الطاقة. فقد أصبح التراب الخام، مثله مثل العمارة المناخيّة الحيويّة محرّكين لهذا التجديد، وقد اقتصرنا هنا على ذكر مثالين فحسب، ولكنّ البدائل كثيرة. ففي أوروبا وإفريقيا، كما في مناطق أخرى من العالم، تُقام تجارب وبحوث عديدة بهدف تجديد الموادّ المحلّية وتقنيات البناء «التقليديّة». وقد نشأت حركة آخذة في النموّ من أجل «تقنية ملائمة» في البناء، مع ظهور عدد كبير من المشاريع التي يطمح بعضها بالفعل إلى إنشاء سلاسل إنتاج حقيقيّة. وتجد بعض هذه التجارب طريقها إلى التطبيق في إطار سياسات نقل التكنولوجيا المندرجة في نطاق التعاون الثنائيّ، أو برامج الأمم المتّحدة (من بينها مكتب العمل الدوليّ (BIT)، وبرنامج الأمم المتّحدة الإنمائيّ (PNUD)، وبرنامج الأمم المتّحدة للمستوطنات البشريّة (CNUEH). وقد أفضت هذه الفترة «المثمرة» إلى إنتاج ونشر معارف علميّة وتقنية جديدة بالاعتماد خصوصاً على تقنية كتل التراب المضغوط المثبّت (BTC)، أو كذلك على إعادة تطبيق أشكال معماريّة تقليديّة بالنسبة إلى الأسقف، على غرار برنامج البناء الخالي من الخشب الذي طوّرته ورش العمل المشتركة في منطقة الساحل. وأكثر من ذلك (Development Workshop) لقد نشأت في نهاية ثمانينيّات القرن العشرين شبكةٌ دوليّةٌ، تهدف إلى تقديم المشورة ونشر المعلومات المتّصلة بالتقنيات الملائمة للبناية.

وفي مطلع الألفيّة الجديدة، ومع نهاية الاستراتيجيّة العالميّة للإسكان التي روّجت لها الأمم المتّحدة، فإنّ الشغف بـ»التقنيات الملائمة» بدأ في التلاشي. ففي البداية نُظِر إلى هذه المقاربة على أنها الحلّ لمشكلة الحصول على سكن لائق للجميع، غير أنّها لم تسمح ببلوغ الأهداف المنشودة. ورغم بعض النجاحات المهمّة، فإنّها اصطدمت بالواقع على الأرض مُبرزةً مواطن النقص والضعف في المشاريع: تحديد سيئ للمقاسات ناتج عن عدم مراعاة الكفاءات المتاحة والأزمنة الضروريّة للتعلّم. وأفضت هذه الوضعيّة إلى حالة من الإحباط، ممّا انعكس في نهاية المطاف سلباً على ديناميكيّة استخدام الموادّ المحلّية.

نحو تجديد استخدام الموادّ المحلّية على ضوء أهداف التنمية المستدامة

منذ حوالي عشر سنوات، لوحظ عودة الاهتمام بالموادّ المحلّية التي استفادت من إطار ومن سياق أكثر ملاءمةً إلى حدّ كبير. فمن ناحية أولى، حقّقت المعارف العلميّة تقدّماً كبيراً وصارت أكثر رسوخاً: إذ أصبحت الموادّ المحلّية مواضيع للبحث، واكتسبت اعترافاً ونضجاً متزايدين. ومن ناحية ثانية، ازداد الوعي بحقيقة التغيّر المناخيّ والاحتياجات إلى السكن المستدام، فوجدت صدى لها في المقاربات الناعمة والمستدامة والمتوازنة والمحلّية التي طُوّرت حول الموادّ المحلّية. إنّ التهديد الذي تسلّطه ممارساتُ البناء الحاليّة على الأوساط الطبيعيّة والبشريّة، وما يترتّب على ذلك من انعكاسات

ملخص

MANIFESTE DES CURATEURS

KHALIL MORAD EL GHILALI
& EL MEHDI BELYASMINE
Architectes

QU'EST-CE QUE L'INTELLIGENS ? QUE CONSIDÉRONS-NOUS COMME INTELLIGENT ?

Dans l'imaginaire collectif, est considérée comme intelligente toute forme d'innovation technologique qui met en œuvre de nouveaux systèmes, comme l'IA. Ces systèmes cependant sont trop souvent adoptés au détriment d'autres systèmes tout aussi intelligents mais beaucoup plus discrets. Dans la plupart des cultures, cette sagesse et intelligence humaine acquises grâce à une connaissance profonde de la nature sont le fruit d'un apprentissage multiséculaire.

Avec les enjeux climatiques et économiques que nous connaissons aujourd'hui, le Maroc se distingue comme *Le paradis des géologues*, un pays aux multiples terres dont les ressources principales proviennent de son sol. Un pays qui peut agir comme modèle sur la scène internationale, afin de tirer des leçons de construction bioclimatique et écoresponsable. Ce savoir-faire riche et encore vivant, acquis à la suite de multiples études et expérimentations, est la preuve que nous pouvons encore utiliser la sagesse et l'intelligence cumulées au cours de ces derniers milliers d'années, pour construire une perspective d'avenir meilleure.

Dans ce sens, et dans sa grande variété géologique, le Maroc se présente comme un palimpseste de techniques et une source d'apprentissage pour de nombreuses cultures, qui ont vu leurs connaissances et intelligence collective s'amenuiser, jusqu'à parfois disparaître. Face à l'industrialisation, la surexploitation ou la guerre, MATERIAE PALIMPSEST est un manifeste, où cette riche diversité éveille la curiosité des gens en présentant une alternative qui questionne notre définition de l'intelligence, de l'innovation et de l'avenir.

Plus qu'une tradition, l'architecture de terre est une nécessité qui offre une réponse pertinente aux enjeux climatiques et sociaux actuels. En conservant et en valorisant ce patrimoine, nous préservons un savoir-faire ancestral et contribuons à réduire notre impact environnemental. L'architecture de terre incarne ainsi une alliance harmonieuse entre **intelligens et technologie, tradition et contemporanéité**, répondant aux impératifs écologiques de notre époque.

MATERIAE PALIMPSEST se distingue par son approche novatrice, mettant en lumière l'intelligence et la durabilité de l'architecture de terre, en nous plongeant dans l'histoire et les techniques de construction marocaines. En intégrant des éléments multimédias immersifs, l'exposition transcende le cadre de l'installation architecturale. Elle devient une expérience sensorielle et pédagogique, ancrée dans le présent tout en rendant hommage au passé. MATERIAE PALIMPSEST s'inscrit non seulement dans le thème de la 19e édition de la Biennale de Venise, mais va au-delà en proposant une vision d'avenir où tradition et innovation coexistent harmonieusement. Ce pavillon est une invitation à redécouvrir l'intelligence cachée dans les savoir-faire ancestraux, à repenser nos approches de la construction et à embrasser une architecture plus respectueuse de notre environnement.

CURATORS STATEMENT

*KHALIL MORAD EL GHILALI
& EL MEHDI BELYASMINE
Architects*

WHAT IS INTELLIGENS? WHAT DO WE CONSIDER AS INTELLIGENT?

In our collective imagination, any form of technological innovation that involves the use of new systems, such as AI, is considered intelligent. However, these systems are all too often favored at the expense of others that are equally intelligent but much more discreet. In most cultures, human intelligence and wisdom, acquired through a profound knowledge of nature, are the outcome of centuries of learning.

With today's climatic and economic challenges, Morocco stands out as The Geologist's Paradise, *a country of various landscapes whose main resources come from its soil. With the potential to serve as a global model, Morocco can teach the world about eco-sustainable and bioclimatic construction. This rich living heritage and know-how, honed through extensive study and experimentation, shows that we can still rely on the wisdom accumulated over the last few thousand years to build a better future.*

In this sense, and given its great geological diversity, Morocco is a palimpsest of techniques and a learning ground for many other cultures that have seen their knowledge and collective intelligence diminish, sometimes disappearing completely. In a world of industrialization, over-exploitation, and war, MATERIAE PALIMPSEST is a manifesto that champions this rich diversity, sparking people's curiosity through an alternative that challenges the way we define intelligence, innovation, and the future.

More than a tradition, earthen architecture is a necessity that provides a relevant response to our current climate crisis and social issues. By preserving and promoting this heritage, we are safeguarding ancestral knowledge and contributing to reducing our environmental impact. Earthen architecture embodies a harmonious blend of ***intelligens with technology, tradition, and modernity****, in keeping with the ecological imperatives of our time.*

MATERIAE PALIMPSEST stands out for its innovative approach, revealing the viability, beauty, intelligence, and sustainability of earthen architecture by encouraging us to explore Moroccan history and construction techniques.

By integrating immersive multimedia elements, the exhibition transcends the framework of the architectural exhibition. It becomes a sensory and educational experience, rooted in the present while at the same time paying homage to the past. Not only does it tie into the theme of the 19th Venice Architecture Biennale, but it goes beyond it by envisioning a future where tradition and innovation harmoniously coexist. The Moroccan Pavilion is an invitation to rediscover the intelligence and wisdom hidden in traditional skills and to rethink our approach to construction, while embracing a more environmentally responsible architecture.

KHALIL MORAD EL GHILALI

Khalil Morad El Ghilali est architecte, enseignant à l'École nationale d'architecture (ENA) de Marrakech et doctorant en architecture à l'université Euromed de Fès et à l'université de Thessalie en Grèce, en tant qu'enseignant invité au laboratoire « Escape Lab ». Après une riche expérience au sein de plusieurs cabinets d'architecture, il fonde en 2019 son propre cabinet, basé à Rabat : atelier BE (ateliers Bâtis Écoresponsables). Ce cabinet de conception et de recherche interdisciplinaire, aux approches issues de domaines et de contextes variés, aborde des sujets liés au climat, à l'écologie, à la perception humaine, à la sensibilité des nouvelles technologies et à leur capacité à modifier les modes d'existence actuels à travers des fictions imminentes. Utilisant la fiction climatique comme véhicule, des spéculations sont avancées qui engagent diverses écologies, à travers lesquelles les modèles économiquement rentables actuels sont remis en question. Composé d'une équipe jeune, d'artisans, d'architectes, d'urbanistes et de paysagistes, l'atelier BE a su acquérir un certain nombre d'expériences qui lui permettent aujourd'hui de répondre de manière réactive et efficace aux différents enjeux climatiques à travers le royaume.

KHALIL MORAD EL GHILALI

Khalil Morad El Ghilali is a Moroccan architect and teacher at the National School of Architecture (ENA) in Marrakech. He is also a PhD student in architecture at the Euromed University of Fes and a guest lecturer at "Escape Lab" at the University of Thessaly in Greece. After extensive experience in several architectural firms, he started his own studio in 2019, Atelier BE (ateliers Bâtis Écoresponsables), in Rabat. This interdisciplinary design and research firm uses a diverse range of approaches and perspectives to explore themes such as climate change, ecology, human perception, the impact of emerging technologies, and their potential to transform our current way of life through imminent fictions. By using climate change scenarios as a vehicle, various ecological speculations are put forward, challenging current economically viable models. Atelier BE's young team of artisans, architects, urban planners, and landscape architects has a wealth of experience, which allows them to quickly and effectively address a variety of climate-related issues across the Kingdom of Morocco.

EL MEHDI BELYASMINE

El Mehdi Belyasmine est architecte et designer, fondateur de Belyas.Co, une agence multidisciplinaire dédiée à l'innovation architecturale et à l'expérience humaine. Son approche holistique considère chaque projet comme un levier de transformation urbaine et rurale, cherchant à concilier contraintes et opportunités pour un impact positif sur les villes et les communautés. À travers des recherches approfondies, son agence traduit les contextes historiques, sociaux et environnementaux en destinations culturelles.

Diplômé d'un MAS (Master of Avanced Studies) en architecture et fabrication numérique à l'ETH Zurich (2022) et d'un master d'architecture à l'ULB La Cambre Horta à Bruxelles (2015), il a enrichi son parcours par un échange à la Haute école d'ingénierie et d'architecture (HEIA) de Fribourg. Son expérience internationale l'a mené au Mexique, où il a collaboré sur des projets culturels et urbains avec quelques bureaux de renom, dont FR-EE et Estudio Lamela. Il a également travaillé au Qatar et au Maroc. En 2023, il a rejoint ACME London, participant pendant deux ans à la conception de projets mixtes au Royaume-Uni, en Chine et aux Émirats arabes unis. Aujourd'hui, à travers Belyas.Co, il développe des projets en Afrique et en Amérique, alliant innovation et engagement territorial.

EL MEHDI BELYASMINE

El Mehdi Belyasmine is a Moroccan architect and designer as well as the founder of Belyas.Co, a multidisciplinary studio dedicated to architectural innovation and human experience. His comprehensive approach treats each project as a driving force for urban and rural transformation, striving to reconcile constraints and opportunities for a positive impact on cities and communities. Based on in-depth research, his studio translates historical, social, and environmental contexts into cultural destinations.

He holds a Master of Advanced Studies in architecture and digital manufacturing from ETH Zurich, Switzerland (2022) and a master's degree in architecture from ULB La Cambre Horta in Brussels, Belgium (2015). He furthered his education with an exchange program at the School of Engineering and Architecture of Fribourg (HEIA-FR), Switzerland. His international experience brought him to Mexico, where he collaborated on cultural and urban projects with several renowned firms, including FR-EE and Estudio Lamela. He has also worked in Qatar and Morocco. He joined ACME London in 2023, spending two years helping to design mixed-use projects in the United Kingdom, China, and the UAE. He now develops projects in Africa and America through Belyas.Co, combining innovation and local involvement.

بيان أميني المعرض

خليل مراد الغيلاني والمهدي بلياسمين
مهندسين معماريين

ما هو الذكـــــــاء؟
ما الذي نعتبره ذكيّاً؟

في المخيّلة الجماعيّة، يُعتبرُ ذكيّاً كلّ شكل من أشكال الابتكار التكنولوجي الذي يطبّق أنظمة جديدة، مثل الذكاء الاصطناعيّ. ولكن غالباً ما تُعتمد هذه الأنظمة بإفراط على حساب أنظمة أخرى لا تقلّ عنها ذكاءً، ولكنّها أقلّ منها بروزاً بكثير. وفي أغلب الثقافات، فإنّ هذه الحكمة وهذا الذكاء البشريّ المكتسَبيْن بفضل معرفة معمّقة بالطبيعة هما ثمرتا تعلّم استمرّ لعدّة قرون.

وفي خضمّ الرهانات المناخيّة والاقتصاديّة التي نعيشها اليوم، يتألّق المغرب كجنّة للجيولوجيّين، كبلد متعدّد التُربِ يستمدّ موارده الأساسيّة من أرضه. إنّه بلد قادر على أن يُشكّل نموذجاً على الصّعيد الدّوليّ، من أجل استخلاص دُروس في مجال البناء المناخيّ الحيويّ والمحافظ على البيئة. فهذه المهارة الثريّة والمستمرّة إلى اليوم، التي تمّ اكتسابها بفضل دراسات وتجارب عديدة، هي دليل على أنّنا قادرون على استخدام الحكمة والذكاء المتراكميْن على مدى آلاف السنين الأخيرة، سعياً إلى بناء رؤية أفضل للمستقبل.

في هذا السياق وفي ظلّ ما يتمتّع به المغرب من تنوّع جيولوجيّ كبير، فإنّه يبدو كطِرْسٍ للتقنيات ومنبع للتعلّم بالنسبة إلى ثقافات عديدة، شهدت معارفها وعرف ما تملكه من ذكاء جماعي تضاؤلاً تدريجيّاً بلغ حدّ الاندثار أحياناً. وفي مواجهة التصنيع والاستغلال المفرطِ للموارد الطبيعيّة والحرب، فإنّ معرض طرس ماديّ هو بمثابة بيان، يوقظ تنوّعُه الثريّ فضولَ الناس، من خلال تقديم بديلٍ يعيد النظر في تعريفنا للذكاء والابتكار والمستقبل

إنّ العمارة الترابيّة هي أبعد من أن تكون مجرّد تقليد فحسْبُ، بل هي أكثر من ذلك، إنّها ضرورة تمثّل استجابةً مناسبة للتحدّيات المناخيّة والاجتماعيّة الراهنة. فمن خلال المحافظة على هذا التراث وتثمينه، نحافظ على مهارة متوارثَة عن الأجداد ونساهم في الحدّ من تأثيرنا السلبيّ في البيئة. وعلى هذا النحو، تجسّد العمارة الترابيّة تحالفاً متناغماً بين الذكاء والتكنولوجيا، وبين التقاليد والمعاصرة، مستجيبةً بذلك للمتطلّبات البيئيّة في عصرنا.

يتميّز معرض طِرس ماديّ بمقاربته المبتكرة، فهو يسلّط الضوء على ذكاء العمارة الترابيّة واستدامتها، من خلال غوصه بنا في غمار تاريخ البناء المغربيّ وتقنياته. إنّ هذا المعرض يدعونا إلى إعادة تحديد تصوّرنا للذكاء الجماعيّ وللتقنيات، في ضوء السياق المعاصر. فهو يحتفي بالحكمة المتراكمة عبر قرون من تأمّل الطبيعة والتفاعل معها، ويؤكّد الأهمّية الحاليّة لهذه الممارسات البيئيّة والمناخيّة الحيويّة. ولا يكتفي هذا المشروع بمجرّد عرض مجموعة من موادّ البناء والتقنيات فقط؛ بل إنّه يحثّ الزائرين كذلك على التفكير العميق في مستقبل الهندسة المعماريّة، والحفاظ على التراث الإنشائيّ. فمن خلال تبيين جدوى البناء بالتراب وجماليّته، يقدّم معرض طرس ماديّ إجابة مناسبة لمواجهة التحدّيات البيئيّة الراهنة، مُثرياً في الوقت ذاته الخطاب المتعلّق بالابتكار المستدام. ومن خلال إدماج هذا المعرض وسائط متعدّدة تتيح تجربة غامرة، يتجاوز حدود إطار التركيب المعماريّ، ليصبح تجربة حسّية وبيداغوجيّة، راسخةً في الحاضر ومُشيدَةً بالماضي في الآن ذاته. إنّ مشروع طرس ماديّ لا يندرج في سياق موضوع الدورة التاسعة عشرة لبينالي البندقيّة فقط، بل يتجاوزه إلى ما هو أبعد، إذ يعرض رؤية مستقبليّة، تتعايش داخلها التقاليد مع الابتكار في تناغم. فهذا الجناح هو دعوة إلى إعادة اكتشاف الذكاء الكامن في المهارات المتوارثَة عن الأجداد، وإلى إعادة التفكير في المقاربات التي نعتمدها في مجال البناء، وإلى اعتماد هندسة معماريّة أكثر احتراماً لبيئتنا

INTRODUCTION

M. MOHAMED EL MEHDI BENSAID
Ministre de la Jeunesse,
de la Culture et de la Communication

Habiter est un acte de foi. La maison incarne dans la matière la mémoire d'une culture, ses valeurs, ses espérances et sa ferveur. Les lignes et les perspectives que dessine l'architecte, les murs et les voûtes que dresse le bâtisseur sont des engagements, des promesses de durabilité, de transmission et d'élévation spirituelle.

Le pavillon du royaume du Maroc à la 19e Biennale internationale d'architecture de Venise se veut à l'image d'une nation plurimillénaire, fidèle aux savoir-faire anciens et confiante dans sa créativité. En proposant « l'architecture de terre » comme thématique de son pavillon, le Maroc inscrit son souci de la durabilité environnementale et du respect des usages du terroir dans le cadre du thème général de cette année, intitulé : intelligens. natural. artificial. collective. Technique immémoriale, l'architecture de terre exprime une vision de la construction comme rapport au temps long, et où le travail des matériaux locaux entre en résonance avec le milieu naturel et ses rythmes propres, ainsi qu'avec les innovations contemporaines.

En effet, il n'y a pas d'architecture porteuse de sens sans enracinement dans un cadre social et naturel apaisé et inclusif, en interaction avec les matériaux, les significations et les visions culturelles avec lesquels elle s'exprime. Il n'y a pas non plus d'architecture porteuse d'espérance sans projection dans l'avenir, ouverte aux nouveautés et aux expérimentations.

Dans le sillage de la vision éclairée de Sa Majesté le Roi Mohammed VI, que Dieu l'Assiste, le Maroc a fait de la durabilité écologique, de la transition énergétique et de la croissance dans la sobriété l'horizon moral et esthétique de son émergence. Jeune nation en plein essor économique, le Maroc est également une vieille nation de culture et de savoir, à l'artisanat reconnu pour son excellence. Ces deux vocations structurent son engagement en vue d'un développement global, humaniste et respectueux des équilibres humains et naturels. Le pavillon du Maroc exprime, avec son choix d'une architecture patrimoniale et audacieuse à la fois, cette vision sereine et optimiste d'un avenir architectural et civilisationnel fait d'équilibre et d'innovation.

Que le pavillon du Maroc soit donc une invitation à un futur où le social et le naturel, l'artificiel et l'humain tissent des liens et échangent du sens.

INTRODUCTION

MR. MOHAMED EL MEHDI BENSAID
Minister of Youth, Culture, and Communication

Inhabiting is an act of faith. The house embodies in its material the memory of a culture and its values, dreams, and passions. The architect's sketched lines and perspectives, as well as the builder's constructed vaults and walls, are commitments, promises of sustainability, history, and spiritual elevation.

On the occasion of the 19th International Architecture Exhibition at the La Biennale di Venezia, the Pavilion of the Kingdom of Morocco represents a nation with a millennia-long history, showcasing its ancient skills and creativity. By choosing earthen architecture as the theme of its pavilion, Morocco is affirming its commitment to environmental sustainability and honoring local customs within the framework of this year's theme: Intelligens. Natural. Artificial. Collective. *Earthen architecture is an ancestral way of building that embodies a long-term vision of construction where local materials are crafted in harmony with their natural environment and its cycles, while resonating with modern innovations.*

Indeed, architecture can only be meaningful if it is rooted in a peaceful, inclusive, and harmonious social and natural environment, interacting with local materials while expressing its culture and visions. Similarly, architecture cannot be a bearer of hope without looking to the future and being open to new ideas and experimentation.

In the wake of the enlightened vision of His Majesty the King Mohammed VI, may God assist Him, Morocco has made sustainability, energy transition, and low-impact growth the moral and aesthetic goals of its future development. While Morocco is an ancient nation of ancestral culture and knowledge, renowned for excelling in artisanship, it is also an emerging nation in full economic expansion. These two aspects form the foundation of its commitment to holistic and humanistic development, respecting the balance between humans and nature. By choosing a style of architecture that is both rooted in tradition and boldly forward-looking, the Moroccan Pavilion expresses a clear and optimistic vision of the future of architecture and civilization, a future built on balance and innovation.

Therefore, the Moroccan Pavilion is an invitation to a future where the natural, artificial, and collective forge connections and exchange meaning.

INTRODUCTION

MME FATIMA EZZAHRA EL MANSOURI
Ministre de l'Aménagement du Territoire national, de l'Urbanisme, de l'Habitat et de la Politique de la Ville

De toutes les créations humaines, la ville est sans doute la plus complexe, la plus subtile dans ses dosages, la plus difficile à maintenir dans son fonctionnement quotidien. L'urbanisme n'est pas seulement un mode de gestion d'un ensemble de constructions, c'est surtout une pratique du lien social, du tissage des relations par l'art architectural. En intitulant son thème général « intelligens. natural. artificial. collective. », la 19e Biennale internationale d'architecture de Venise honore cet art du tissage de la nature, de la culture et de l'intelligence sociale, qui est au fondement de l'architecture et de l'aménagement du territoire.

Le pavillon du royaume du Maroc a fait le choix de « l'architecture de terre » comme thématique propre. Inscrite dans le cadre du thème général, elle rend hommage à l'inventivité, au sens de l'harmonie et à l'esthétique des arts traditionnels de l'habitat au Maroc et en Afrique du Nord-Ouest. Car si la ville est une création subtile, la ville en contrainte climatique est un miracle permanent. Dans les oasis, la haute montagne ou les steppes arides, la construction est un art de la résilience et du respect des équilibres naturels et humains.

Sous la haute conduite de Sa Majesté le Roi Mohammed VI, que Dieu Le Glorifie, le Maroc est devenu un pays émergent, où les chantiers industriels, logistiques, sportifs, urbains ou énergétiques se multiplient. Mais cette dynamique économique jamais ne sacrifie le sens esthétique qui fait la renommée d'un royaume plurimillénaire, ni la dimension inclusive du développement, et ni le souci de la transition énergétique et de la durabilité. Ces dimensions non économiques de la croissance sont au cœur de la vision marocaine de l'architecture et de l'urbanisme, visant à consolider la cohésion sociale dans le cadre d'une ville à échelle humaine, enracinée dans une mémoire vivante et ouverte aux innovations technologiques et aux promesses de l'urbanisme intelligent.

Le pavillon du Maroc invite les visiteurs du monde entier à partager la vision du Royaume relative à un avenir de partage, où les défis du futur seront autant d'occasions de rassembler une humanité réconciliée autour de l'art de bâtir, qui est le socle de toute civilisation.

INTRODUCTION

MS. FATIMA EZZAHRA EL MANSOURI
Minister of National Spatial Planning, Urban Planning, Housing and Urban Policy

Of all human creations, the city is undoubtedly the most complex, the most sophisticated in its intricacies, and the most difficult to maintain in its daily operations. Urban planning is more than just the management of a group of buildings, it is above all a question of social interaction and the fostering of relationships through the art of architecture. Entitled Intelligens. Natural. Artificial. Collective.*, the 19th International Architecture Exhibition at the La Biennale di Venezia celebrates the art of interweaving nature, culture, and social intelligence, the foundations of architecture and spatial planning.*

This year the Pavilion of the Kingdom of Morocco has chosen to focus on earthen architecture. In keeping with the biennale theme, it pays tribute to the ingenuity, sense of harmony, and aesthetics of the traditional art of building in Morocco and northwest Africa. Despite being a sophisticated creation, the city under climatic constraints is a perpetual miracle. Whether in oases, high mountains, or arid steppes, earthen building is an art that showcases resilience and respect for natural and human balance.

Under the High Guidance of His Majesty King Mohammed VI, may God Glorify Him, Morocco has become an emerging country, and has seen many new industrial, logistical, sports, urban, and energy projects. However, this economic dynamism never undermines the cultivated vision that has defined the millennium-old kingdom, nor the inclusivity in development and the concern for energy transition and sustainability. In fact, non-fiscal aspects of growth are at the heart of the Moroccan vision of architecture and urban planning, which aims to strengthen social cohesion in cities on a human scale, rooted in living memory, and open to technological innovation and smart urban planning.

The Moroccan Pavilion invites visitors from around the world to share the kingdom's vision of a future based on cooperation, where the challenges of tomorrow are opportunities to bring together a reconciled humanity around the art of building, the foundation of civilization.

مقدمة

السيّدة فاطمة الزهراء المنصوري
وزيرة إعداد التراب الوطني والتعمير والإسكان وسياسة المدينة

من بين جميع إبداعات الإنسان، تعتبر المدينة بلا شك أكثرها تعقيدا وأكثرها دقة في معاييرها، وأصعبها من حيث المحافظة عليها في صيرورتها اليومية. فالتخطيط الحضري ليس مجرد نهج لتدبير مجموعة من المباني، بل هو قبل كل شيء ممارسة تروم تقوية الأواصر الاجتماعية ونسج العلاقات من خلال الفن المعماري. باعتماد بينالي البندقية الدولي التاسع عشر للعمارة كعنوان لموضوعه العام «intelligens.natural.artificial.collective.» ، فإنه يحتفي بهذا الفن الذي ينسج العلائق بين الذكاء البشري وما هو طبيعي واصطناعي واجتماعي، الأمر الذي يعتبر جوهر الهندسة المعمارية والتهيئة المجالية

اختارت المملكة المغربية «العمارة الترابية» كموضوع لجناحها. ويلتقي هذا النوع من العمارة مع الموضوع العام للبينالي، فهي تسلط الضوء على الطاقة الإبداعية والملائَمة والجمالية التي تتميز بها فنون البناء التقليدية في المغرب وشمال غرب إفريقيا. فإذا كانت المدينة ابتكارا دقيقاً، فينبغي بحق اعتبار المدينة التي تواجه القيود المناخية معجزة مستديمة. ففي الواحات أو الجبال العالية أو السهوب القاحلة يعد البناء فناً من فنون المرونة واحترام التوازنات بين الطبيعة والبشر

تحت القيادة المستنيرة لصاحب الجلالة الملك محمد السادس، نصره الله، غدا المغرب بلدا ناشئا، تتناسل فيه المشاريع الصناعية واللوجستية والرياضية والحضرية والطاقية. لكن هذه الديناميكية الاقتصادية لا تتم بتاتاً على حساب الحس الجمالي المرهف الذي تشتهر به المملكة ذات التاريخ العريق، أو على حساب البعد الشامل للتنمية، أو التحول الطاقي والاستدامة. وتحتل هذه الأبعاد غير الاقتصادية للنمو مكانة محورية ضمن رؤية المغرب للعمارة والتخطيط العمراني، التي تسعى إلى ترسيخ التماسك الاجتماعي في إطار مدينة ذات حجم إنساني، متجذرة في ذاكرة حية ومنفتحة على الابتكارات التكنولوجية وأفاق التمدن الذكي

يدعو جناح المغرب الزوار من جميع أنحاء العالم لتقاسم رؤية المملكة من أجل مستقبل مشترك، مستقبل تصبح فيه التحديات فرصاً لجمع البشرية المتصالحة مع ذاتها حول فن العمارة، الذي يعتبر حجر الأساس لكل الحضارات

مقدمة

محمد المهدي بن سعيد
وزير الشباب والثقافة والاتصال

السكن فعل إيماني. فالمسكن يجسد في جانبه المادي ذاكرة ثقافة وقيمها وآمالها وتوهجها. وتعتبر الخطوط والأبعاد التي يرسمها المهندس المعماري والجدران والأقبية التي يشيدها البناة بمثابة التزامات ووعود بالاستدامة والانتقال والارتقاء الروحي.

أُريدَ لجناح المملكة المغربية في بينالي البندقية الدولي التاسع عشر للعمارة أن يُقدم صورة أمة عريقة يمتد تاريخها لقرون عديدة، أمة متشبثة بمهارات حرفية ممعنة في القدم وواثقة من قدرتها على الإبداع. فمن خلال اختياره «العمارة الترابية» كموضوع لجناحه، يضع المغرب شواغل الاستدامة البيئية واحترام الممارسات المحلية في سياق المحور العام لهذه الدورة، التي اختير لها عنوان: intelligens.natural.artificial.collective. إن تقنية العمارة الترابية الموغلة في القدم ترى في البناء فعلا يمتد في الزمن، يتماهى فيه العمل بالمواد المحلية مع البيئة الطبيعية وإيقاعاتها، دون إغفال للابتكارات الحديثة

في الحقيقة، لا يمكن أن توجد هندسة معمارية ذات مغزى ما لم تكن منصهرة في بيئة اجتماعية وطبيعية منسجمة وشاملة، وما لم تتفاعل مع المواد والدلالات والرؤى الثقافية التي تعبر من خلالها. كما لا يمكن لهندسة معمارية أن تكون مصدراً للأمل ما لم تتطلع إلى المستقبل وتنفتح على الحداثة والتجريب.

تماشيا مع الرؤية المستنيرة لصاحب الجلالة الملك محمد السادس، نصره الله، جعل المغرب من الاستدامة البيئية والانتقال الطاقي والنمو الرصين المنارة الأخلاقية والجمالية لتحقيق إقلاعه. فالمغرب أمة فتية تشهد نهضة اقتصادية مهمة، بالإضافة إلى كونه أمة عريقة ثقافيا ومعرفيا، غنية بصناعات حرفية معترف لها بالتميز. وتساهم هذه الثنائية في تشكيل التزام البلاد بتحقيق تنمية شاملة وبشرية تحترم التوازن بين الانسان والطبيعة. فالجناح المغربي، باختياره لعمارة مستوحاة من التراث وجريئة في الوقت ذاته، يعبر عن هذه الرؤية المطمئنة والمتفائلة لمستقبل معماري وحضاري قائم على التوازن والابتكار

كلنا أمل في أن يكون الجناح المغربي بمثابة دعوة إلى مستقبل يتلاقى فيه ما هو اجتماعي بما هو طبيعي واصطناعي وإنساني للتحاور والتبادل

LE DISCOURS

« Vous savez tous que les dynasties royales qui se sont succédé au Maroc étaient passionnées par la construction et l'urbanisme. Vous savez l'importance que j'accorde à tout ce qui peut affirmer notre authenticité, révéler nos talents, et montrer clairement que les Marocains, grâce à Dieu, possèdent toutes les qualités qui font de l'homme marocain un être civilisé, en phase avec tout ce qui peut constituer un élément important dans la construction et la beauté [...]. Notre pays est beau, sa terre est belle, mais ses constructions ne le sont pas. Je ne parle pas ici des bidonvilles, mais plutôt des rues, de ce que voient les étrangers et de ce que nous voyons lorsque nous traversons certaines rues et ruelles [...]. Par contraste, il vous suffit de voir la vallée de l'Oum Er-Rbia, les anciennes murailles ou encore les villes côtières célèbres pour leurs kasbahs construites par les différents rois marocains [...]. Cela vous incombe en tant qu'architectes et à votre amour pour votre pays [...]. Une des caractéristiques de l'enfance est sa proximité avec la nature. Quand nous sommes enfants, que nous aimions les fleurs ou non, nous développons un certain goût [...]. Et ainsi, une perspective sur la beauté. Vous en êtes responsables à l'avenir, de l'éducation des jeunes ou des enfants [...]. Bien que, sans aucun doute, nos petits-enfants pourraient passer leurs week-ends sur la Lune ou sur Mars, cette terre reste notre terre et cette planète notre planète, et nous nous devons d'en préserver les caractéristiques, notre première et plus grande mère, celle dans laquelle nous vivons, et sur laquelle nous ouvrons tous les jours les yeux [...]. Essayez de faire du jeune Marocain un jeune intellectuel, ayant du goût, passionné par la beauté, éloigné de la laideur, et fermement attaché à la dignité humaine. Toutes ces choses nécessitent une réflexion qui ne se limite pas à une table à dessin et à quelques crayons [...]. Mon message vise à vous réconcilier à vous-mêmes [...]. Votre métier est plus noble et plus élevé que vous ne l'imaginez. Il ne nécessite pas uniquement des calculs, mais aussi de la sensibilité, de la philosophie et une compréhension profonde des sciences humaines et sociales, c'est-à-dire une connaissance de l'homme pour lequel vous travaillez, de ses ambitions, de ses joies et de ses peines [...]. Votre rôle est bien plus grand que vous ne le pensez [...]. Il traite de ce qui était présent avant et de ce qui le sera dans l'avenir. Quand vous dessinez, vous ne dessinez pas seulement un mur et un toit, vous concevez une philosophie de vie, qu'elle soit individuelle ou collective [...].

Aucun d'entre vous n'a encore ressenti le génie qui remonte de la terre, quand on enlève ses chaussures et qu'on marche pieds nus. Même si ce n'est que de la boue, il y a une sorte de génie qui en émane [...]. Visitez les kasbahs de votre pays, voyagez un peu, visitez les kasbahs dans les montagnes, regardez les couleurs de votre terre, de vos montagnes et de vos plaines, essayez de vous en inspirer [...]. »

Discours de S.M. Hassan II prononcé devant les représentants des architectes le 14 janvier 1986.

THE SPEECH

"You know that the successive Moroccan royal dynasties had a strong passion for construction and urban planning. You know how much I value anything that affirms our authenticity, reveals our skills, and clearly demonstrates that Moroccans, thank God, possess all the qualities that make them civilized individuals attuned to everything that plays an important role in construction and beauty. [...] Our country is beautiful, its land is beautiful, but its buildings are not. I am not referring to the slums, but rather to the streets, to what the foreigners see and what we see when we cross certain streets and alleys [...]. By contrast, consider the Oum Er-Rbia Valley, the ancient walls, or the coastal towns famous for their kasbahs built by Moroccan kings [...]. It is your duty as an architect and out of your love for your country [...]. One of the defining characteristics of childhood is a deep connection to nature. As children, whether we liked flowers or not, we developed a certain taste [...] and therefore a perspective on beauty. You are now responsible for the education of young people and children. [...] While our grandchildren may well spend their weekends on the Moon or Mars, Earth is still our planet and we must preserve its characteristics. It is our first and greatest mother, the one we live on and wake up to every day. [...] Encourage young Moroccans to become young intellectuals, with a sense of taste, passionate about beauty, detached from ugliness, and firmly committed to human dignity. All of this requires thought, not just a drawing table and some pencils. [...] My message aims to reconcile you with yourselves. [...] Your profession serves more noble and higher purposes than you imagine. It requires not only mathematical skills but also a sensitivity, philosophy, and a deep understanding of the humanities and social sciences. In other words, it requires knowledge of the people you work for, their ambitions, their joys, and their sorrows. [...] Your role is much greater than you think. [...] It deals with what was there before and what will be there in the future. When you design, you don't just design a wall and a roof, you develop a philosophy of life, whether individual or collective. [...]

None of you have yet experienced the genius that arises from the earth when you take off your shoes and walk barefoot. This may be nothing more than mud, but a kind of genius emanates from it [...] Visit the kasbahs of your country, travel a bit, visit the kasbahs in the mountains, look at the colors of your land, your mountains, and your plains, seek inspiration from them [...]."

Speech by His Majesty Hassan II delivered to representatives of architects on January 14, 1986.

الخطاب

« كلّكم يعلم أنّ جميع الأسر الملكيّة التي تعاقبت على المغرب كانت شغوفة بالبناء والتشييد والتعمير. وتعلمون الأهمّية التي أُعطيها وأُعيرها لكلّ ما من شأنه أن يُثبت أصالتنا وأن يُفتّح مواهبنا وأن يدلّ دلالة واضحة على أنّ المغاربة ولله الحمدُ والشكر يتميّزون بجميع الميزات التي تجعل من الإنسان المغربي إنساناً متحضّراً مسايراً لكلّ ما من شأنه أن يكون لَبِنةً مهمّة في التعمير والتشييد والجمال [...]

فبلادنا جميلة، والآثار بها جميلة، ولكن بناءاتها دون ذلك، ولا أتحدّث هنا على مدن القصدير، بل عن شوارع بلادنا، وأتكلّم عمّا يراه الأجانب، وما نراه نحن عندما نمرّ في بعض الأزقّة والشوارع [...] وبالعكس، يكفي لأيّ أحد أن يرى وادي أمّ الربيع والأسوار العتيقة ليعرف أنّه في المغرب وسيقول إنّها من المدن الشاطئيّة التي كانت فيها قصبات بناها الملوك المغاربة [...] وهذا أمر مناط بكم وبمحبّتكم لبلدكم [...] والحالة أنّ ميزات الطفولة هي قربها من الطبيعة. فعندما نكون أطفالاً إمّا أن نحبّ الزهور وإمّا أن نصبح بدون ذوق، إمّا نرى الطيور وتعجبنا الطبيعة وإمّا لا نتربّى على الطبيعة وعلى الجمال[...] إنّكم مسؤولون في المستقبل حتّى عن تربية الشابّ أو الطفل الذي سينشأ [...] وممّا لا شكّ فيه أنّ أحفادنا سيذهبون لقضاء عطلة نهاية الأسبوع في القمر أو في المرّيخ، إلاّ أنّه كيفما كان الحال، فإنّ أرضنا هي أرضنا، وهي التي أعطانا الله ولم يُعطنا شيئاً آخر، فعلينا أن نحافظ للكرة الأرضيّة على مميّزاتها، وعلى الأقلّ في بلادنا لا يجب علينا التنكّر لأمّنا الكبيرة وهي الكرة الأرضيّة، وأمّنا الكبرى هي الأرض التي عليها وُلدنا وفيها نعيش والتي نفتح أعيننا عليها [...] حاولوا تكوين الشابّ المغربي، علينا أن يكبر هذا الشابّ أنيقاً من ناحية الذوق وشغوفاً بالجمال ومبتعداً كلّ البعد عن البشاعة ومتشبّثاً كلّ التشبّث بالكرامة البشريّة [...] فهذه العناصر كلّها تتطلّب التفكير الذي لا ينحصر فوق مادّة الرسم والأقلام [...] رسالتي تهدف إلى أن أعرّفكم بأنفسكم أفضل ممّا تعرفونها أنتم [...] إنّ مهنتكم أعلى وأغلى ممّا تتصوّرون، لا تتطلّب الحساب فقط بل تتطلّب أيضاً حساسيّة وفلسفة وإلماماً بعلوم الاجتماع ومعرفة بالناس الذين تخدمونهم، وهو الإنسان وهو البشر بمطامحه ومسرّاته ومؤاخذاته [...] الحقيقة أنّ دوركم أكبر ممّا تظنّون، وتهيئتكم لأيّ مشروع تتطلّب أن تطّلعوا على ما قبله وتتطلّعوا إلى ما بعده، لمّا تكونون منهمكين في الرسم فإنّكم لا ترسمون حائطاً أو سقفاً، بل ترسمون فلسفة الحياة، سواء كانت فرديّة أو جماعيّة [...]

ولا أحد منكم أحسّ بالعبقريّة التي تصعد من الأرض، إن أزال حذاءه وسار بعض الشيء حافي القدمين، فهناك نوع من العبقريّة تصعد من تلك الأرض حتّى ولو تكون وَحلاً [...] سافروا قليلاً، زوروا القصبات الموجودة في الجنوب وفي الجبال، انظروا إلى الألوان المختلفة لأرضكم وجبالكم وسهولكم، حاولوا أن تبتكروا منها شيئاً[...]»

خطاب صاحب الجلالة المغفور له الملك الحسن الثاني، طيب الله ثراه

مراكش في 1986/01/14: المرحوم الحسن الثاني والمهندسين المعماريّين المغربيّين، القوّات العسكريّة الملكيّة المغربيّة[1]

1: المملكة المغربية، المندوبية السامية للتخطيط، المركز الوطني للتوثيق، خطب الملك الحسن الثاني، الوثيقة: صاحب الجلالة الملك يخاطب هيئة المهندسين المعماريين، الدار البيضاء بتاريخ 14-01-1986

صاحب الجلالة الملك محمد السادس نصره الله

“

Aussi est-il nécessaire de veiller [...] à mettre en exergue le cachet particulier de ce patrimoine civilisationnel, et à en assurer l'entretien et la sauvegarde. Il importe aussi de réhabiliter les aspects architecturaux de ce patrimoine, les matériaux de construction ayant servi pour le bâtir, ainsi que les types d'habitat adaptés aux facteurs climatiques, aux réalités rurales et aux usages sociaux en vigueur.

”

Message de Sa Majesté le Roi Mohammed VI, que Dieu l'Assiste, à l'occasion de la rencontre nationale pour le lancement du Code de l'Urbanisme, le 3 octobre 2005 - Rabat.

M A T E R

I A E ▪ P

A L I M P

S E S T ▪